教|育|知|库

走进审辩

审辩式思维在数学中的探索与实施

李晓云 著

光明日报出版社

图书在版编目（CIP）数据

走进审辩：审辩式思维在数学中的探索与实施 / 李晓云著. -- 北京：光明日报出版社，2022.5
ISBN 978-7-5194-6610-7

Ⅰ.①走… Ⅱ.①李… Ⅲ.①数学课—教学研究—中小学 Ⅳ.①G633.602

中国版本图书馆 CIP 数据核字（2022）第 087435 号

走进审辩：审辩式思维在数学中的探索与实施
ZOUJIN SHENBIAN: SHENBIANSHI SIWEI ZAI SHUXUE ZHONG DE TANSUO YU SHISHI

著　　者：李晓云	
责任编辑：刘兴华	责任校对：孔春苗
封面设计：中联华文	责任印制：曹　净

出版发行：光明日报出版社

地　　址：北京市西城区永安路 106 号，100050

电　　话：010-63169890（咨询），010-63131930（邮购）

传　　真：010-63131930

网　　址：http://book.gmw.cn

E - mail：gmrbcbs@gmw.cn

法律顾问：北京市兰台律师事务所龚柳方律师

印　　刷：三河市华东印刷有限公司

装　　订：三河市华东印刷有限公司

本书如有破损、缺页、装订错误，请与本社联系调换，电话：010-63131930

开　　本：170mm×240mm	
字　　数：171 千字	印　　张：12.25
版　　次：2023 年 5 月第 1 版	印　　次：2023 年 5 月第 1 次印刷
书　　号：ISBN 978-7-5194-6610-7	
定　　价：68.00 元	

版权所有　　翻印必究

《审辩式思维教学实践的范例》

"思维是什么？"（what）

"思维训练的意义？"（why）

"思维训练如何有效开展？"（how）

以上三问是我从事思维训练和研究工作以来，自问再三的核心问题。

回顾我从事思维教学和研究工作的历程：自 2013 年至今，我参与北京师范大学教育学部赵国庆老师主持的"思维训练与学习力"以及"思维发展型课堂"等相关项目的科研和教学推广工作。尤其是批判性思维训练体系的建构和教学培训，及思维发展型课堂相关论文、课例的指导和审定。在 2016 年，小学版的《批判性思维》面世。在出版之际，曾经亲耳听到一位老教授这样评价："这是全中国第一本写给小孩子看的批判性思维训练的书。"这个评价既让我们欣喜也让我们惶恐。2018 年和 2020 年，我参与"思维训练与学习力提升"的线上课程先后获得教育部线上精品课和最佳本科生线上课程，在高等教育领域得到了认可和广泛的传播，我不禁又进一步思考上述三个核心问题。"不忘初心，砥砺前行"，基于这些年批判性思维培训和教学的经验，我深刻体会到批判性思维教学与训练对于当前中小学教育的重要性，更加深刻地理解了中小学一线教师在开展批判性思维训练所遇到各种困难。这些困难可以总结为：缺乏可操作性的理论指导、缺乏有效抓手和专业指导、缺乏创新扩散和可持续发展机制。简而言之，理论、实践、机制多重不足，造成了很多老师面对思维教学，特别是对于 critical thinking（批判性思维/审辩性思维）的开展的困惑和迷茫。

我尝试通过理论总结来给广大教师提出建议：

1. 定义的理解：critical thinking 是基于一定标准的分析、判断过程。所以从一定角度而言，critical 很长时间被翻译为"批判"，这其实并不完全能表达该词的含义，而翻译为"审辩"其实更加准确一些。而从思维（thinking）自身过程而言，就会自然而然地形成分析、评估的过程，这样看本身已然是一个"审辩性"的过程了。

2. 提问的重要：有效的审辩性思维训练一般是基于有效的提问。也就是说：审辩性思维训练的有效在于找到有效的论题，这是一切训练的起点；论题的有效是来源于不断有效地质疑；而质疑的有效又是来源于坚持不懈地对各种质疑进行调整和修正。这些调整和修正要从理解审辩性思维的标准开始。

3. 标准的层次：审辩性思维可分为八个标准——清晰、准确、精确、相关、深度、广度、逻辑和公正。这八个标准存在层次性，"清晰""准确"和"精确"在第一层；"相关""深度"和"广度"在第二层；"逻辑"和"公正"分别位于第三层和第四层，这四层由外到内，逐步深入，层与层之间存在包容和共存的关系，第一层最容易最基础，第四层最重要最核心。而通过对于标准的不断理解，从而去不断修正审辩性提问过程，才是良好的审辩性思维习惯养成的开始。

但是我的上述建议依然是理论，远没有实践性的实例更具有说服力。所以，当我读到北京八十中李晓云老师的《走进审辩——审辩式思维在数学教学中的建构与实施》一书的时候，我不禁对李老师的审辩性思维教学和实践感到由衷的钦佩。我也丝毫不怀疑此书问世后的重要意义。这本书不仅仅是一位有心于思维教学实践的教师的耕耘之作,而且是一位思维教学机制的组织者艰辛历程的总结。任何思维训练的成功最重要的要素之一就是坚持不懈。这份坚持尤其是对尚处于心灵心智发育阶段的孩子们来说格外珍贵,因为一位坚持正确审辩性思维实践的教师,将是学生人生中最大幸运,学生不仅获得良好的审辩性思维习惯,而且更重要的是能逐步建立起自信从容的人生态度。而这些恰恰是我们社会、国家、民族需要的人才最重要的素养之一。这本书也通过课堂建设方面的总结来尝试回答我上述三个核心问题,这对于那些因为理论学习困难而对思维教学困惑的一线老师们,将是很好的学习范例。

朱 嘉

2021 年 11 月 25 日写于北师校园

目 录
CONTENTS

第一章 审辩式思维 ………………………………………………… 1

  第一节 审辩式思维的发展历程 …………………………………… 2

    一、审辩式思维的溯源 …………………………………………… 2

    二、审辩式思维的突起 …………………………………………… 3

    三、审辩式思维的现状 …………………………………………… 4

  第二节 审辩式思维的概念解读 …………………………………… 6

    一、审辩式思维的理论支柱 ……………………………………… 7

    二、审辩式思维的定义内涵 ……………………………………… 11

    三、审辩式思维的本质特征 ……………………………………… 14

  第三节 审辩式思维的建构路径 …………………………………… 16

    一、创设情境，激活审辩 ………………………………………… 16

    二、辩论研讨，修正审辩 ………………………………………… 17

    三、总结反思，创新审辩 ………………………………………… 18

第二章 审辩式思维与数学·················· 20

第一节 审辩式思维在数学中的LOGO ············· 20
一、数学审辩式思维的内涵················ 20
二、数学审辩式思维的特征················ 21

第二节 审辩式思维在数学中的发展············ 23
一、审辩式思维在数学中的发展············ 23
二、审辩式思维在数学中的地位············ 24

第三章 审辩式思维在教学中的理论建构············ 29

第一节 审辩式思维在教学中的建构基础············ 29
一、审辩式思维的教学取向················ 29
二、审辩式思维的教学类型················ 30
三、审辩式思维的教学问题················ 31
四、审辩式思维的教学目标················ 34

第二节 审辩式思维在教学中的影响因素············ 36
一、个体差异······················ 37
二、教师的教学理念··················· 42
三、教育的文化环境··················· 45

第三节 审辩式思维在教学中的建构原则············ 46
一、科学质疑的原则··················· 46
二、启迪创新的原则··················· 50
三、因材施教的原则··················· 51
四、思维对话的原则··················· 52

第四章　审辩式思维在教学中的实施方略……………………55

第一节　审辩式思维在教学中的实施策略……………56
一、形成思维场：历练优秀的思维品质……………56
二、建构模式群：冲破传统的思维困境……………64
三、创建课程链：锻炼积极的思维习惯……………74
四、贯通课内外：创建审辩的思维生态园…………83

第二节　审辩式思维在教学中的实施方法……………88
一、自我质疑的方法……………………………………88
二、循证分析的方法……………………………………94
三、辩论研讨的方法……………………………………98
四、应用拓展的方法……………………………………101

第五章　审辩式思维在教学中的实践案例……………109

第一节　建构教学模式群……………………………109
一、"QDL"——质疑驱动式教学模式………………110
二、辩论研讨式教学模式………………………………123
三、实验探究式教学模式………………………………133
四、思维可视化教学模式………………………………143

第二节　创建校本课程链……………………………151
一、激活质疑意识——课程《是真的吗？——数学中的伪命题》…152
二、引导质疑判断——课程《数学思想漫谈》……………157
三、加强质疑能力——课程《数学方法训练营》…………163
四、助攻质疑探究——课程《探究工具大集合》…………168
五、创新审辩应用——课程《〈九章算术〉"十问"》……175

第一章

审辩式思维

因循守旧不会推动历史前行，改革创新才是社会不断进步的动力和源泉。

创新，始于对成说的质疑。一个创新者，必须借助于已往的理论进行思考，但同时又必须时刻怀疑原有理论，批判原有理论，努力克服原有理论所造成的偏见和束缚，这种对所给结论保持质疑态度的思维就是审辩式思维。

审辩式思维推动时代不断向前发展。

早在2000年前的古印度，就有思想家曾对世人云：不要立即接受或相信任何事，以免成为他人（包括思想家本人）的知识奴隶。而同样在2000年前的古希腊，学者苏格拉底也在语录中反复告诫弟子：保持质疑的态度，在不断的反问和诘问中寻找真正的智慧。

不要一味接受，要保持质疑的态度和辨别的能力，最终形成一个自我认可的结论或认知，这是2000年前位于东西方文明塔尖的先哲们给我们的忠告，它不是知识的传授，而是一种思维方式的建构。这种建构经过不断地完善和发展，形成了人类进步所必须具备和掌握的能力——审辩式思维能力。其中，质疑是前提，甄别是过程，新智是成果，"质疑—甄别—新智"是审辩式思维建构的基本过程，也是审辩式思维建构的"三部曲"。

审辩式思维是当今社会公民所应具备的一种重要的思维方式。特别是身处当下科技飞速发展、信息不断变换的时代，拥有审辩意识和审辩技能的人们，能更加客观、公正、精准地面对变化以及变化所引发的新命题、新问题和新思考，因此审辩式思维能力也被称为"21世纪型能力"的核心能力，位列未来社会公民所具有的三大能力之首。

审辩式思维的建构和培养已经成为世界关注的重要教育课题。作为一种建立在质疑精神之上的个性思维，它能让学生在未来的教育、工作、生活、政治、商业、科学和艺术中拥有独立的判断和认知，能让国家建构起属于自己的思维自信、认知自信和创新自信，因此无论审辩式思维的建构有多艰难，各国对它的探索和实践的脚步一直没有停止过。

第一节 审辩式思维的发展历程

审辩式思维的原始形态，最早可以追溯到 2000 年前古印度的经书中所体现的审辩意识，或是在亚里士多德（Aristoteles）"思维的批判术"中所体现的审辩技能，可以说，以质疑和甄别为特征的审辩式思维在推动历史前进的同时，一直没有停止过对自身的研究和探索。

特别是经过二战时期的"阿伦特事件"后，东西方学者对审辩式思维的研究更加迫切和密切，认为审辩式思维对人的自我个性发展起到了至关重要的作用，审辩式思维能力应被列为未来公民所具有的三大能力之首。

但是东西方对审辩式思维的研究，最初就方向和侧重有所不同，因此在后续发展和研究中也呈现不同的特点和态势。

一、审辩式思维的溯源

虽然 2000 年前的东西方文化都在论说质疑，但古印度文化中更多地强调质疑的结果（不要成为他人的认知奴隶），而西方苏格拉底则更多地强调质疑的技能（不断地反问和诘问）。

如在东方研究中，审辩式思维始终停留在对质疑态度的认识和引导层级上。如先秦《礼记·中庸》中说："博学之，审问之，慎思之，明辨之。"孔子提出的"疑是思之始，学之端"，"学而不思则罔，思而不学则殆"；孟子的"尽信书，则不如无书"；宋代理学大师张载的"义理有疑则濯去旧见，以来新意"；朱熹的"读书无疑者，需教有疑"；等等，这所有的论述都是围绕着"为什么质疑，质疑什么，质疑的意义"展开的，所提出的博学、审问、明辨、慎思、笃行，"过犹不及""中庸之德至矣"等理念也都是激发质疑意识的核心主张，虽然研究中也出现消极的一面，但质疑意识的正向意义一直被积极地传承。唯一不足的是对审辩技能和新智重建的研究和论述较少，虽然老子、庄子的"弃智""绝圣"中也提出了多进程、非线性的甄别策略和方式，但总体对甄别能力以及质疑后新智重建的研究涉及不深。

而在西方，审辩式思维的探索更多集中在——"质疑后的甄别论证"环节。从最初的亚里士多德"三段论"的逻辑，到杜威的"形式逻辑与审辩式思维、语言之间的关系"，再到托马斯·库恩的"范式更替"、斯蒂芬的"形式逻辑和非形式逻辑的论证"以及沃内·卡尔·海森堡的"测不准原理"……西方审辩式思维在辨别事件真伪方面提供了扎实的理论基础，同时也形成了"一元独断"而非"多元思考"的实践模式和思考。同样地，西方学者在审辩式思维整体研究中几乎没有涉及对"新智重建"方面的探索。

由此可见，东西方的研究在一段时间内都停留在质疑态度的塑造和质疑技能的探究上，而对最后需要完成一个更为完整、严谨、科学的新命题缺乏重视和研讨，直到二战后出现了《阿伦特事件》，审辩式思维的研究才转向到新智重建这一重要环节上，并且形成了审辩式思维的三大理论支柱。

二、审辩式思维的突起

阿道夫·艾希曼，二战时期的纳粹秘密警察，由于他出色完成上级制定的各项任务，最后升迁为纳粹德国盖世太保总部犹太事务负责人，并直接负责将300万犹太人遣送到死亡集中营。

汉娜·阿伦特，一名美国记者，但同时也是一位犹太人，还是曾经的德国人、流亡者、见证者，也是一名二战幸存者。为了总结二战的教训，她接受了对在集中营屠杀犹太人负有直接责任的纳粹军官阿道夫·艾希曼进行报道审判的任务。在接触过程中她发现，艾希曼并非想象中的十恶不赦的"恶魔"，他既不阴险奸诈也不凶恶，没有鲜明的个性和深刻思想，只是一个根本不动脑子、像机器一样顺从、麻木的人。她将自己采访的过程和感受写成了一本书，书名就是《艾希曼在耶路撒冷》，她在书中公布了采访时对艾希曼的客观描述：

"他为了升迁而特别勤奋地工作，除此以外，他根本没有任何动机。"

"他并不愚蠢，他只不过不思考罢了——但这绝不等于愚蠢。是不思考，注定让他变成那个时代罪大恶极的人之一。"

汉娜·阿伦特将艾希曼的表现称为"平庸的恶"——不思考，没有独立的判断和认知，一味地遵从和执行。阿伦特认为"平庸的恶"不仅造成平凡人在不经意间的"恶"，更是国家主义者、民族主义者、独裁者制造出社会浩劫的思维根源。

阿伦特在书中大声疾呼——不思考是罪吗？不思考不是罪吗？

汉娜·阿伦特的追问震撼着经历二战浩劫的世界，而"平庸的恶"也促使着以"质疑精神"为特征的审辩式思维再次进入人们的视线，它将各国学者对审辩式思维的研究和推崇推向一个新的高潮。

三、审辩式思维的现状

审辩式思维的特征是"质疑，独思，创新"，这些思维品质首先被精英和领导人才所推崇，因此很多国家在进行人才选拔性考试中都逐步设置并增加了对审辩式思维能力的考查。

（一）国外审辩式思维的现状

美国"研究生考试"中"分析性写作"部分和"高考（SAT）"中"审辩式阅读（critical reading）"都有对考生的审辩式思维能力的考查，因此审辩式思维在美国是所有学生都非常重视和重点培养的素养。

1987年，在"审辩式思维（critical thinking）与教育改革国际会议"上，英国人Michael Scriven与美国人Richard Paul共同发表声明，指出"审辩式思维"对每个人在未来的发展领域如教育、政治、商业、科学和艺术等都会产生重要的影响，因此它不仅仅是精英教育，更是大众教育，并强调审辩式思维的培养要从小开始，年龄越小，效果越明显。

这一观点获得大多数国家的认同。美国教育部率先响应，甚至规定将审辩式思维的培养提前到上学前，从幼儿园就开始注意发展儿童的审辩式思维。例如，引导儿童学习推理思维，学会考虑各种可能性，学会理解他人的想法，而随后其他国家也争相采取各种推进措施。如新加坡为了发展青少年的审辩式思维，新加坡教育部、新加坡资讯通信发展管理局和微软公司从 2009 年开始联合开发了《再设计：审辩式思维评估》（*Redesign for Assessing Critical Thinking*，简称 ReACT）网络学习评估系统，开发 ReACT 系统的目的就是发展学生的审辩式思维。此系统通过由教师根据教材主题输入的影像、音频或图片等案例情景，让学生以发散性思考方式进行建构审辩式思维。

其实，像这样为发展学生审辩式思维而采取措施的国家还有很多。

（二）国内审辩式思维现状

在我国由于受"罢黜百家、独尊儒术""遵循主流、跟随圣人""君君臣臣"等思维惯性的影响，审辩式思维发展具有先天的不足，特别是目前学校广泛采用的 20 世纪 50 年代苏联所倡导的"真理—谬误"的学习方法，这种"不是真理就是谬误"的思维方式不仅将教学变成了一个传授和掌握"科学真理"的过程，而且其权威性、植入式的教学形态也扼杀了很多学生对"真理"的质疑和个性思考，而统一的标准答案更让审辩思维的建构和培养雪上加霜。

国际学生评估项目（Programme for International Student Assessment，PISA）考试是经济合作与发展组织（Organization for Economic Co-operation and Development，OECD）主持的国际学生评估项目，也是当今世界上影响最大、最权威的国际教育发展评估项目，意在测试世界各地公立学校中 15 岁学生解决阅读、数学、科学问题的能力。2012 年，中国派上海学生参加了 PISA 考试，在参赛的 65 个国家（地区）中总分名列第一，但在"问题解决"方面，OECD 在官方网站上公布了深度分析的结果。

第一，在完成那些熟悉的、常规的、知识获得性任务方面，上海学生代表具有明显优势，处于领先的第一梯队，明显高于平均水平。

第二，在完成那些陌生的、灵活的、需要创造性的任务方面，上海学生代表却低于平均水平，明显低于处于领先地位的新加坡。

第三，如果根据阅读、数学和科学三个学科的成绩来预测各个国家和地区的学生在"问题解决"方面的表现，一些国家或地区的学生表现高于期望值，另一些国家或地区的学生表现则低于期望值。如果按照与期望值的差距排名，上海学生代表在此项研究所包含的44个国家和地区中排在倒数第2，仅仅高于保加利亚。

这些结果显示，在PISA阅读、数学和科学的三项测试考查中，即使在上海这样发展较好的地区，学生问题解决能力也不及新加坡、韩国等国家，也存在较大的提升空间。

2015年、2018年中国又参加PISA测试，在问题解决这项测试中并没有很大提升。究其根源，问题解决在很大程度上依赖于学生的审辩式思维能力。虽然中国已经开始重视审辩式思维的培养和发展，很多学校和行业也开始对审辩式思维的建构进行实践和探索，但是缺乏系统的理论支撑和具实的操作流程，使得审辩式思维的建构很缓慢。

但是面对当今科技飞速发展、信息不断迭代的社会，拥有审辩意识和审辩技能，能让我们更加客观、公正、精准地面对变化以及变化所引发的新命题、新观点和新思考，能让学生在未来的教育、工作、生活、政治、商业、科学和艺术中拥有独立的判断和认知，建构属于自己的思维自信、认知自信和创新自信，因此审辩式思维建构在中国一定要不断地探索下去。

第二节　审辩式思维的概念解读

审辩式思维是critical thinking的汉语翻译，它的原始形态最早可以追溯到亚里士多德的"思维的批判术"，但在教育界对审辩式思维最早关注的是约翰·杜威（John Dewey），他强调教育培养的是具有社会民主理智的个体，对现有命题的态度应该是"同化""顺应"与"质疑"并存。

约翰·杜威的观点得到了不同领域学者的认同，继杜威之后，很多学者对审辩式思维的内涵进行了更为深入的探索和研究，形成了 10 多种不同领域且有影响力的审辩式思维的相关定义，这些定义都对审辩意识和审辩技能进行了相关说明，对比之下，"维基百科"的定义对审辩式思维的本质进行了最为概括和精准的描述。

维基百科定义：审辩式思维是"一种判断命题是否为真或部分为真的方式，是一种通过理性思索达到合理结论的过程"。

维基定义明确指出：审辩意识是一种不盲从、不拒绝，具有质疑意识、需要去判断命题为真或部分为真的思考方式；审辩技能是理性发现到合理论证过程中所需要的辨识、质疑、评估、校准、反思等能力的总和。

维基百科对审辩式思维的定义描述，最终成为审辩式思维诸多定义中受众最广、引用最多、最有指导意义的描述。

一、审辩式思维的理论支柱

阿伦特事件让质疑意识成为大众公民的基本素质，也让审辩式思维成为破旧立新的突破口。可是面对那些看起来符合逻辑，甚至大家都在遵循的结论，我们凭什么萌生质疑的想法？又该怎么去质疑已有的定式和束缚？对于那些非形式逻辑推出的结论，用什么方法甄别需要质疑和不需要质疑的界限？等等问题，沃纳·卡尔·海森堡的"测不准原理"、斯蒂芬·图尔敏的"图尔敏模型"、库恩的"范式更替"都给了我们理论上的解释，这些理论也被称为审辩式思维的三大理论支柱。

（一）测不准原理——可质疑

测不准原理是量子力学中的一个重要观点。在量子化的微观世界中，测量结果必然受到测量手段的影响，并不存在不受测量者影响的客观测量，所以我们所看到的世界是"可能的世界图像"，由此形成的理论或假说都存在着被证伪的可能性。

在测不准原理的基础上，20 世纪出生于奥地利的最有影响力的科学哲学家卡尔·波普尔（Karl Popper）针对基本问题"怎样判断一个理论是属于科学理论还是事实假说"提出了著名的"证伪原则"。即任何观察事实和实验结果，都无法证明一个科学命题，例如，再多的观察事实，也不足以说明"天鹅是白的"这一命题，但是，只要有一只黑天鹅，就可以证伪这一命题。因此，科学理论不可证明，只可证伪。

根据波普尔的"证伪原则"，现有的科学理论都属于猜测和假说，它们永远都不会证实，但随时都可能证伪。因此，对于任何结论，我们都有质疑的底气，哪怕是几百年来沉淀下来的结论，在时代发生变化，认知不断挑战的今天，它也有可能被颠覆。所以，我们更应该呵护学习者的好奇心，鼓励学习者的质疑精神，以审辩的方式看待世界，并对自身认识世界的局限性提高警惕，对他人的不同主张则更加包容。

（二）图尔敏模型——会质疑

在波普尔的"证伪原则"出现之前，判断命题真伪的依据多是以亚里士多德的"三段论"为代表的逻辑体系，即符合逻辑的命题为真，反之为假。但是，英国哲学家斯蒂芬·图尔敏却发现生活中大量事件并不需要形式逻辑的真伪判断，而是需要如何对涉及各种问题的主张和评论进行合理的评判。这种评判的合理性又往往和个人的习惯、经验、欲望和环境有关，属于非形式逻辑却符合生活和实践的逻辑。所以，图尔敏提出了一个基于形式逻辑和非形式逻辑基础之上的论证模型。图尔敏模式由三个板块（主张、审辩、新主张）、六个要素（结论、理由、保证、论据、支持、语气）构成，称为图尔敏论证模型（Toulmin's Agrument Pattern，TAP）。

表1-1 图尔敏论证模型各要素含义

板块	要素	含义
主张（基础）	结论	一个断言或断定，是要在论证中为正确结论的术语
	理由	为结论提供的理论依据，如普遍规律、权威论述
	保证	为结论与理由之间的联系提供的事实依据，如材料、资料、现象
审辩（核心）	论据	对"理由"产生疑问时进行反驳的附加性论证材料
	支持	对"保证"产生疑问时进行反驳的附加性论证材料
新主张（成果）	语气	对"结论"进行修正或完善时的限定词

同常规推导中采用的"三段论"论证模式相比，"图尔敏模型"在培养审辩方面具有四个优势。

1. 关注点不同

"三段论"中的大前提已经被确定，被断言为"事实"，无须再进行证明或证实，所以"三段论"更关注"事实"所推出的结论。

而图尔敏模型不同，在它那里"主张"是不确定的，是需要修正和完善的，所以图尔敏模型更关注提问或讨论，这就使得论证变成了一种提问、讨论、说明、解释，而不是命令、规定、宣传或指示。

2. 论证的方式不同

"三段论"论证是静止的，它的三个部分都已经固定在那里。而"图尔敏模式"论证是进行式的，从"理由"到"结论"必须经过"保证"，"保证"则是一座有待论证者自己去架设的桥梁。

3. 环节的完整度不同

三段论中的"大前提"往往在命题表述中被省略掉，这使得论证分析变得困难，不易产生疑问；而图尔敏模型不允许省略每个要素的内容，这让审辩更易有的放矢地进行。

4. 论证所采取的语气限定不同

在"三段论"论证中，结论一般都是肯定、不要质疑的，但在"图尔敏模型"中，结论往往需要语气限定，如添加"一般情况下""在很大程度上"等限定语，以便结论的内涵更灵活、更理性、更全面（见图1-1）。

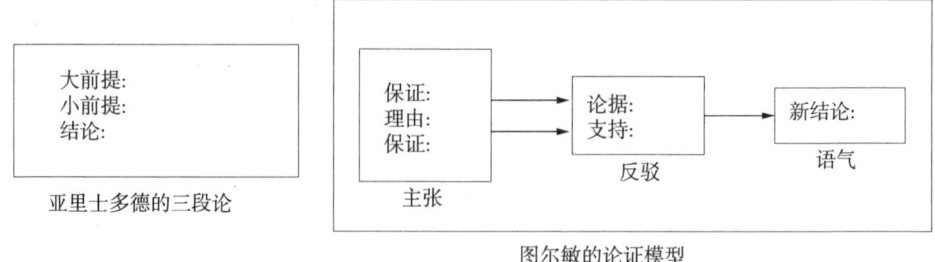

图 1-1

（三）范式更替——能质疑

审辩式思维被称作"有载体的创新思维"，是因为新建结论是在原有结论基础上的一种完善和独创。这种新旧更替，不仅包含知识上的更替，更包含研究方式的更替。

库恩是 20 世纪世界上最有影响力的科学哲学家之一，在波普尔、库恩和他的对手们正在热烈地讨论着科学的"可否定性"时，库恩提出了一个重要观点：一门理论的正确与否是不可能被"证错"或"证对"的，它不过是受那个时代或那时科学状态的产物，就像一套合身的衣服，直到某一天发现它变得不合身了为止。这就是科学范式的更替。

所谓科学范式，是库恩归纳的进行常规科学活动所赖以运作的理论基础和实践规范，大约有 21 种不同含义的公认模型或范式。所谓范式更替，则是指少部分人在广泛接受的科学范式里，发现有理论解决不了的例外，尝试用竞争性的理论取而代之，进而排挤掉"不可通约"的原有范式。就如"日心说"取代"地心说"，只不过出现了"行星轨道被设想为椭圆而不是常规中的圆形"这个例外罢了。

"例外（Anormly）"对于理解科学进步极其有帮助，因为它们指出了原有模式的不足并刺激新的理论产生。库恩在 1962 年出版的具有划时代意义的《科学革命的结构》（*The Structure of Scientific Revolutions*）一书中写道："一个例外的事实通常是不为现有的概念框架所预期的、难以解释的和逻辑不相容的，但是它却促进科学知识的进化，更促进'范式（paradigm）'的更替，甚至是范式的革命。"

"日心说"取代"地心说",牛顿力学取代亚里士多德力学,爱因斯坦体系取代牛顿体系,促成了科学范式的更替和革命。

审辩式思维,始于质疑,终于创新。其关键就是寻求例外的存在,但是在严谨的、已有的逻辑框架下运行,如果没有大胆的质疑和探索精神是不可能打破这些框架的,所以审辩式思维也被看作当今创新型人才所应具备的重要的心理特征。

二、审辩式思维的定义内涵

(一)国外对审辩式思维概念的论述

美国学者格拉泽尔(Edward Maynard Glaser)于 1941 年提出"critical thinking"的概念:"审辩式思维是合乎逻辑的有关质疑和推理的方法,以及运用这些方法的技能(Glaser, 1941)。"

恩尼斯(Robert Ennis, 1989)从哲学角度提出的概念:"审辩式思维是关于决定信什么和做什么的理性和反思性思维。"

舍夫勒(Scheffler, 1973)认为审辩式思维不仅是学习能力,也是生活能力,他说:"在生活的各个领域中,常展开对于制度和原则的具有批判性和开放性的评论,审辩式思维就是参与这些评论活动的能力。"

保罗和埃德尔(Paul & Elder, 2008)提出审辩式思维能力包含以下内容:"提出关键性的问题和难点、收集和评估相关的信息、运用抽象概念有效地解读信息、得到合理的结论和解释,用相关标准和规范进行检测、开放性思维,运用不同的思想体系进行重新思考,辨别和检验、思考自己思考的质量、有技能的、负责任的思考有助于做出正确的判断,因其善于感知,依靠标准和自我修正。"

美国哲学学会运用社会调查中著名的德尔菲方法,由 46 名相关领域的权威专家在进行了 6 轮反复修订后,在《德尔菲报告》(The Delphi Report)中表述出审辩式思维的定义:"审辩式思维是有目的的、不断自我调整的判断。这种判断表现为解释、分析、评估、推论,以及对做出判断所依据的证据、概念、丰富、标准和其他必要必经条件的说明。审辩式思维是最基本的探索工具。因此,审辩式思维是教育的解放力量,是一个人个人生活和公共生活的强大资源。审辩式思维不只是一种良好的思维能力,它是无处不在的、自我调整以适应环境的人类现象。"

(二)国内对审辩式思维概念的论述

相比国外如火如荼对审辩式思维内涵、内容和培养手段等方面进行多维研究的情形,我国学术界做得更多的工作是将国外对审辩式思维研究的成果引入国内。

鉴于各领域对审辩式思维理解的侧重点不同,我国对"critical thinking"也出现了多种译法,如审辩式思维、评判性思维;明辨性思考、明辨性思维、辨识性思考、明审性思考、慎思明辨。

其中,北京语言大学谢小庆教授和密歇根大学汉语教学部主任刘葳教授支持"审辩式思维"的汉译,并指出将"critical thinking"直译为"批判性思维"会与审辩式思维的原意具有一定距离,因为批判性思维更多地强调对一项结论的评价态度,而忽略了评判的结果是新建一个可以接受的新命题或新结论。质疑是为解构,解构是为重建,所以"critical thinking"翻译为"审辩式思维"更为恰当,因为审辩式思维的译法更为正面,具有建设性的思想力量和创新态度。"维基百科"采用了这一译法。

谢小庆教授更是将审辩式思维的内涵浓缩为12个字"不懈质疑、包容异见、力行担责",使之推广更易。

(三)审辩式思维的定义

审辩式思维是一种判断命题是否为真或部分为真,并通过理性质疑达到合理结论的思考过程。在这个过程中,包含着基于原则、实践和常识之上的热情和创造。

定义中明确指出：审辩意识是一种不盲从、不拒绝，具有质疑意识、需要去判断命题为真或部分为真的思考方式；审辩技能是理性发现到合理论证过程中所需要的辨识、质疑、评估、校准、反思等能力的总和。

1. 审辩式思维是一种思考方式

对于一个命题（可以是任何领域），审辩式思维并不是盲目接受或一味拒绝，而是先自主判断这个信息是否为真或部分为真，为真的信息接受，有质疑的则将其解构、剥离、分析、探究后再重建为一个没有质疑的新立场、新观点或新假说（见图1-2）。

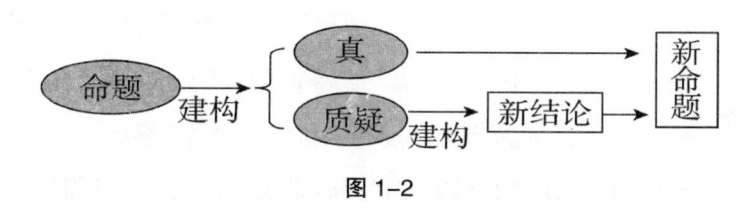

图 1-2

2. 审辩式思维是一个不断甄别、发现自我的过程

审辩式思维是专注于决定什么可信或什么可做的合理的反思性思考的过程，在这个过程中，主体是思维者本人，"什么可信？什么可做？什么为真？如何验证……"，这些都要由思维者自己做出判断，也是"不唯师""不唯权""不唯上"的质疑精神和发现自我、坚信自我的累积过程。

3. 审辩式思维是创新思维的基础

审辩式思维不是去验证已有结论，而是对已有结论进行自我判断，不盲从、保持质疑的意识只是审辩式思维建构的前提，通过解构、再建构出一个新观点、新假说或新结论才是审辩式思维的结果，而且每个人因认知、个性、价值观、生活经验等方面的不同，又让这种创新的成果充满个性和多样性，所以审辩式思维被称为创新型人才所应具备的基本思维品质。

三、审辩式思维的本质特征

（一）质疑——思维定式的突破

思维，按照信息论的观点，是指新输入信息与脑内储存知识经验进行一系列复杂心智操作的过程。心智操作在反复使用中形成了比较稳定的、定型化了的路线、方式、程序和模式，深入潜意识中并反过来支配自己的言行，这就是思维定式。

思维定式对于问题解决具有积极一面，使同类问题或类似问题直接有了解决的方向、目标、方法和手段，省去许多摸索、试探、思考的时间，但思维定式也容易让人产生思想上的惰性，忽略世间的差异与变化，养成一种呆板、机械、千篇一律、"以不变应万变"的思维策略和解题习惯，错失新规律、新发现、新决策的呈现，造成知识后退和创新经验的负迁移。

审辩式思维让思维定式获得突破，突破思维定式就可以获得新的发展契机。要创造，就要培养学生善于从所谓的"定论""真理"中发现不合理之处，学会提出新问题、有根据地判断、大胆地想象，探索和发现解决冲突的方法。从一定程度上说，开发学生的审辩式思维就是开发他们的创新能力，使他们打开科学创新的大门。

（二）甄别——高阶思维活动的锻炼

审辩式思维强调发挥人脑的整体功能和下意识活动能力，它是将多种思维技能和倾向通过有机活动整合而形成的高阶思维。如果离开了思维活动的整体性，孤立地谈论哪一步是审辩式思维的建构毫无意义。

美国加利福尼亚州立大学索诺漠分校"审辩式思维与道德性批评中心"所长保尔（Paul）认为：人们仅仅凭借一个基本要素展开审辩式思维的情形是罕见的，通常必须整合多样的审辩式思维技能。而且，这种整合不是部分的机械相加，而是各个要素具体功能的融合。

审辩式思维由审辩意识和审辩技能两个维度构成。审辩技能包括：解释

（interpretation）、分析（analysis）、评估（evaluation）、推论（inference）、说明（explanation）、自我调节（self-regulation）六项认知技能（cognitive skills）。每一项技能又包含若干子技能（sub-skills），可以分别对其进行评估和测试；而审辩意识则具有"质疑、求真和反思"三方面的内容。

这些意识和技能都说明审辩式思维活动不只是头脑运动，它还融合了情感、经验、主动性和创造力，是头脑和身体共同参与的具有建构意义的综合活动。另外，审辩式思维活动也不是个人的活动，而必须由个人和他人进行协作才能完成。特别是所处的情境、个人的情感、气质、经验和文化背景这些可变因素，在思维活动中更难捕捉，对其规律性的认识也更为困难，更加使得质疑、甄别和重建成为一项复杂且综合的高阶思维活动。

（三）新智——创新成果的重建

思维是从起点向终点进行理性认识的活动过程。审辩式思维是一种建立在质疑精神之上的理性活动过程，它充满了创造性和独特性，是创新思维的前奏。

所谓创新，是指以现有的思维模式提出有别于常规或常人思路的见解为导向，利用现有的知识和物质，在特定的环境中，本着理想化需要或为满足社会需求，而改进或创造新的事物、方法、元素、路径、环境，并能获得一定有益效果的行为。

创新有三层含义：一是更新，二是创造新的东西，三是改变。

创新思维是指以新颖独创的方法解决问题的思维过程，通过这种思维能突破常规思维的界限，以超常规甚至反常规的方法、视角去思考问题，提出与众不同的解决方案，从而产生新颖的、独到的、有社会意义的思维成果。

创新思维的建构有三种：思维起点的创新、思维终点的创新、思维路径的创新。审辩式思维属于创新思维中思维终点的创新，而这种创新不是创造、不是更新，而是改变。改变思维终点中有质疑的论点，保留思维终点无质疑的论述，所以审辩式思维又被称作有的放矢、最具化的创新思维，它让创新思考的建构不再是空中楼阁的摸索，而是拾级而上的具体行为。

第三节　审辩式思维的建构路径

审辩式思维是建立在质疑基础上的反思性思维方式，它的核心是"保持质疑的态度和辨别的能力"，它的结果是"最终形成一个自我认可的结论或认知"。

审辩式思维包含审辩意识（内部心理世界活动）和审辩技能（外部世界空间活动）两个部分。内部心理世界以思维活动为主，外部世界空间以学习者交流会话为主。审辩式思维的发展就是通过内部心理世界的活动与外部世界空间的交流会话、一轮轮两者不断相互促进与循环来推动完成的。其中，"对外界信息的交互与汲取"和"内部世界的思维加工与输出"是审辩式思维建构的核心。

审辩式思维的内容对于学校教育具有现实的指导意义。因为审辩技能可以通过训练来达成，只要掌握一定的训练方法和技巧即可；而审辩意识则必须激活和引领，因为学生并不是一张能够随意调教的白纸，他们已经发展了基于无审辩性、自我中心性、社会中心性的习惯所强化了的信念系统，因此对于他们拒绝的信念、假设和推理持有疑问是容易的，但对于已经接纳的、拥有的个人信念提出疑问是困难的。

因此审辩式思维的建构可分为三个步骤：首先，就是要创设能激发他们自己发现矛盾、自我产生疑问的情境，借助这些情境将学生的心智、认知、情绪串联起来，产生自己的审辩观点；其次，是在民主开放的氛围中研讨、分享不同的观点，让各样的观点得到碰撞、展示、修正和完善；最后，是对重新建构的观点进行整理、总结和描述，重视自己思考过程中的片面性和多元性。

一、创设情境，激活审辩

"只有适合于学生认知又有生活意义的情境才能产生有所收获的审辩活

动。"可见，审辩思维的大门需要创设情境来开启。情境会让人产生很多假设，越接近实际生活的情境，产生的假设就越多。

所谓假设，是根据已知的科学原理和一定的事实材料，对未知事物的普遍规律性和因果性所做出的假定性解释。由于每个人的认知、阅历、情感价值观不同，因此面对复杂且真实情境中的命题，每个人所形成的假设、困惑、探究也各不相同。这种不同形成强烈的吸引力，不仅激发学生的探索欲、改变学生的学习方式、发展学生的学习智慧，更为审辩式思维的建构奠定了丰厚的情感基础和思维土壤。

本环节就是从情境信息的输入开始，到做出假设的输出为止，主要以情境或外部真实世界的信息加工与初步判断为主，通过辨识与理解、分析与判断，做出与情境信息与观点相符的假设。

长期的教学实践告诉我们：良好的操作情境、良好的社会情境、良好的情绪情境以及智力情境，都有利于学生个性思考的萌发，因此情境创设的基本功能和作用主要体现在两方面：一是通过真实且复杂的情境，让学生发现自己的假设以及与原有认知结构中的经验的联系，引起对知识、科学以及人生探究的热情和兴趣；二是发现他人的假设及论断，反思、修正、完善自己假设的科学性和全面性，为下一环节的辩论研讨打下基础。

二、辩论研讨，修正审辩

辩论也称为"辩证"，亚里士多德称之为"逻辑"的前身。它是在理性的前提下，通过多角度的论点、多层面的材料以及不断论证，去说服中立的第三方，它把输赢看得重于发现真理，但也因此极大地激发了个性理解、创新思考的观点发生。

研讨就是研究讨论，它是在充分研究的基础上，进行有效率的交流和相互理解，目的是发现真理或达成共识，不重于输赢。因此研讨能让双方对问题本身产生更理性的思考，从而加深对问题本身的理解，更适合知识的理解和对真理的认同。

由于情境中的第一假设往往是未经思考或片面思考而做出的，因此辩论和研讨就让学生发现或感悟到某些假设的不合理性，同时发现他人假设的合理性，从而促进个人进行更多角度和层面的思考和创新，同时这个过程需要辨别和评估每个人提出的证据和论证材料，因此所有的创新观点和个性理解还要在有证据、有材料、有数据的情况下进行。

这一环节是展示假设、接受反馈、依据额外信息进一步加工和校准假设的过程。这是审辩式思维发展和完善的关键阶段，这种反复辩论和循环研讨的次数越多，审辩式思维建构的效果越好。

教师在教学中要提供民主、宽松、多样的平台和舞台，让学生的个性假设、多样假设、创新假设得到释放、交流、碰撞以及指导和引领，通过比较、分析、反思，导致认知结构的改组和重建，不断完成假设间的"同化"与"顺应"，建构新的审辩观点和假设，最终智慧成长。

三、总结反思，创新审辩

反思是一种思考问题的方式，它用批判和审视的眼光，看待自己的思想、观念和行为，并做出理性的判断和选择，从而实现自己思想、观念和行为的巩固、完善和变革。

本环节的反思与总结，主要是对整个思维过程以及最终的假设进行总结梳理，它从接受外部最终表述的结论开始，对整个思维过程和假设进行反思与加工处理，直到形成反思总结的假设输出为止。总结的是最终的输出假设，反思的是思维的独特性和创新性，收获的是辨析、理解、推论、评估、校准的依据与方法，这是审辩式思维的成果，也是建构审辩式思维的意义。

教师要引导学生反思自己的假设过程，修正偏差、升华认识。如果后续的实践表明学生假设的正确性，那获得的自信感会让学生在新的信息中突破创新，如果验证的结果显示学生的认识不正确或不完善，学生也会在信息甄别的过程中获取更多的经验和智慧。

审辩式思维的建构是当今教育的重要课题。但是由于中国传统文化基因中缺少审辩式思维精神，而且在教育方法上多是采用"只给结论，不教论证，只做标准答案，不许离经叛道"的方法，造成当前教育形态在培养审辩式思维的路上，还与西方国家具有较远的距离。但是无论审辩式思维的建构有多崎岖，教学上的探索和实践永远不会停止。

第二章

审辩式思维与数学

数学思维是客观世界中的数量关系和空间形式在头脑中的反映，具有高度抽象和高度概括的特点。但是其中却蕴含着丰富的、深刻的审辩式思维素材。因为数学知识具有无限丰富的含义且不固定，它总是不断被新领域的概念所诠释和超越，因此在不同阶段、不同数学问题的背景下有着不同的理解，就像"1000个读者心中就有1000个哈姆雷特"一样。这些认知过程都使得审辩式思维在数学教学中的建构，具有其他学科无法比拟的优势。

可以说，数学中每一个新定义、新定理的产生，都要经过漫长的质疑、论证、再质疑、再论证的过程才能被世人所接受，这个过程就是审辩式思维建构的过程，其中蕴含丰富的审辩意识和审辩技能，如果能让学生经历这些新知发生、发展、变换的过程，亲身领会这些质疑所引起的数学中的翻云覆雨，学生审辩的兴趣和渴望一定会更强烈，特别是这种有正确答案的质疑往往比某些学科发散、没有最终答案的研讨，更能打动学生的内心。

数学被称为思维的体操，它的学习直接影响着人类思维方式建构的形态。只有在抽象、概括的数学思维中再建构出丰富、独特、灵活、多维的数学审辩式思维，才能在纷繁复杂的现实世界，拥有明智的行动智慧。

第一节 审辩式思维在数学中的 LOGO

一、数学审辩式思维的内涵

数学审辩式思维是指"一种判断数学命题为真或部分为真的思考方式，是一个通过理性达到合理结论的过程"。也就是说，面对一个数学命题，审辩式思维的表现是既不盲目接受也不一味拒绝，而是先独立思考命题的真假，为真的部分欣然接受，有质疑的部分则需要将其解构，再建构出一个新的、可以接受的命题、观点或假说。

从定义中可以看出，数学审辩式思维是一种思考方式，是拥有质疑精神、并且判断命题为真，或部分为真的思考方式；数学审辩式思维也是一个过程，是从理性分析到建构合理性命题的论证过程；数学审辩式思维更是一种创新，是在原命题基础上进行质疑、解构、再建构新观点、新命题或新假说的"有载体"的创新。

因此在数学活动中，数学审辩式思维有三个维度的架构：审辩性知识（数学认知）、审辩精神（质疑意识）、审辩技能（甄别和重建技能），三者相互作用，形成合力，共同作用于数学审辩式思维的建构。

审辩性知识：数学程序性知识、情境性知识以及数学元认知等学科知识。

审辩技能：有目的、有意识地对已有的数学表述和数学思维结果做出分析、判断、论证、诠释和校验的能力、推测与假设能力、自我调节与监控能力，其中，自我调节与监控能力是数学审辩式思维的核心，直接影响着审辩式思维的形成与发展。

审辩精神：不盲从、不迷信书本或数学权威，敢于质疑；有对个人和他人的思维进行反思、质疑和评价校验的意愿和情感，有思考的独立性、开放性、对事物的探究性与好奇心、对错误矫正的愿望。

以上表现对于数学家来说，能发现前人理论中的不足和错误，加以修正和改进，而对学生来说，则是能发现自己和同学们原有认识中的错误和不足，不断加以改进和完善。

二、数学审辩式思维的特征

数学审辩式思维既是审辩式思维在数学学科中的体现，又是数学思维在审辩式思维教育理论中的反映。它除了具有审辩式思维所共有的批判性、独立性、论证性、重建性等特征外，还具有以下特征。

（一）先立后破

数学审辩式思维在很大程度上是对现有的数学知识、结论以及解题方法、策略的质疑与否定，而不是认同；是对自己的思维能力、思维过程、思维程序所凝聚的知识体系、逻辑建构进行监控和反思，而不是停滞不前。因此，先立后破是数学审辩式思维的典型特征。只有清晰和透彻已有的数学知识和数学逻辑，才会有发现矛盾、缺漏、差异的眼睛，进而有怀疑、质疑、批判、反思等审辩式思维建构的基础。

（二）逻辑推导

批判、质疑不是无根据的否定和拒绝，而是在大量收集信息的基础上，以一定的理论或事实为依据，进行客观的判断、逻辑的思考、分析事实和证据，然后做出决策，这个过程就是数学推理和证明的过程。如数学中的很多假设、猜想、观察通过数学中逻辑推导后，才成为被广泛认可和应用的公理、定理。

（三）主动创新

数学是在虚拟世界建立起的数字大厦，在这里拥有无穷的想象和创新。挖掘出逻辑盲点和断点，往往都会促成数学世界中质的飞跃。如在数学几千年的发展历程上，曾发生过三次动摇数学根基的危机，其中每一次都曾使得人们尤其是数学家怀疑数学的合理性，然而经过无数数学家的力挽狂澜，这三次危机不仅没有让数学失去其合理性，反而使其变得更加强大。

质疑意味着创新，创新是对已有的数学概念、数学结论、数学结构、数学关系进行符合时代发展的诠释和改进。如高斯、鲍耶、罗巴切夫斯基对"欧式几何与物理空间的性质具有先验的一致性"这一观点提出极大疑问，经过批判、质疑和反思，创立了非欧几何。

（四）智能活动

数学的质疑和重建不是简单的感知、记忆、复述或应用，而是有意识地围绕特定目标、付出持续心理努力，需要发散、判断、反思等认知活动的复杂思维。尤其是它要在已有条件和给予结论间建立起一种符合已有运行规则和认知原理的逻辑关系。这种关系是一个发现、探索、高级的智能过程。如200多年悬而未决的哥德巴赫猜想，让数学家绝望的黎曼猜想，至今不知有解无解的纳维-斯托克斯方程……这些都没有机械的方式或固定的模式可以运用，并且受到元认知的监控，因此数学审辩式思维可以说是一种高层次的智能思维活动。

第二节 审辩式思维在数学中的发展

数学审辩式思维不同于一般的数学思维，也不是简单的审辩意识和逻辑推理活动，它是建立在质疑精神之上的反思性思维、创新性思维与逻辑性思维的整合，是推动思维动态发展的有效手段。

一、审辩式思维在数学中的发展

数学是客观世界空间形式和数量关系在头脑中的反映和概括，是揭示客观世界事物之间内在规律的一门学科。由于客观世界的内在关系比较复杂，所以揭示也是一个不断认识、不断发展、不断深入的过程。这期间数学家们所表现出的不畏权威、勇敢质疑、大胆猜想、不懈论证、创新建构的态度和能力不仅促使数学一步步发展前进，也让数学审辩式思维在数学中的作用不断提升。

如在古希腊几何就是数学的同义语，代数式都是以几何的面貌出现的，这给实际问题的解决带来很大不便。数学家笛卡尔发现这一问题，不畏权威，潜心钻研，勇敢建立了解析几何系，不仅让数学发展出现代数化的趋势，而且促进变量走进数学。其中牛顿和莱布尼兹的微积分的产生，就是变量方法和代数思想的系统运用，并开创出一门既非几何又非代数的数学新领域——微积分。可以说，微积分的产生，就是数学不断冲破固有思维、不断质疑原有体系的、敢于相信力学、物理学等跨学科领域知识、不断创新探索的成果。

再如，在康托尔的集合论产生之初，由于不够完备，所以数学界相继产生了很多悖论，其中较有影响的是 1903 年罗素发现的轰动整个数学界的"罗素悖论"，当时西方数学界宣布数学出现第三次危机，并由此产生了各种各样的数学流派，他们提出不同的数学观点和改造方案，相互辩论、相互质疑、相互批判，把数学基础和数学研究推向了一个新的高潮。在各个派别相互争辩的过程中，也使康托尔的集合论进一步得到了完善，并由此诞生了概率论。可以说，费尔马、帕斯卡和惠更斯等打破了以往的数学确定性研究的束缚，使数学开始涉猎偶然事件而促成概率论的问世。

还有数学史上无理数的出现、三大作图的不可能性、高次方程求根公式的不存在性、希尔伯特的《几何基础》缺陷的发现等一系列数学事件，都是审辩式思维的产物。可以说，没有审辩式思维的质疑精神和质疑勇气，就不会有数学的前进和发展。

因此，数学中蕴含着太多的审辩式思维变革的素材，让学生经历这些知识演变的发生发展过程，亲身领会这些质疑所引起的数学飞跃，会让学生质疑的兴趣和渴望更强烈，更加不畏权威，萌发个性想法，创新建构命题，实现数学发展的传承和进步。

二、审辩式思维在数学中的地位

（一）审辩式思维与逻辑思维的关系

思维包括起点、路径和终点三部分。其中由起点到终点的路径必须符合一定的逻辑，即事物内在应遵循的规律。这个遵循内在规律的过程就是逻辑思维建构的过程。

所谓逻辑思维（logical thinking），是人们在认识事物的过程中借助于概念、判断、推理等思维形式能动地反映客观现实的理性认识过程，它遵循传统形式的逻辑规则，反映具体对象的本质规律，常称它为"抽象思维（abstract thinking）"或"闭上眼睛的思维"。

逻辑思维是一条确定的而不是模棱两可的，前后一贯的而不是自相矛盾的，有条理、有根据的理性探究活动。

逻辑思维不等同于审辩式思维，因为它只关注论证是否符合对象的内在规律，证据是否真实、客观，但对"对象"本身并不讨论和鉴别，而审辩式思维首先要对逻辑论证的对象进行判断，判断为真的进入论证模式，有质疑的则需要将其解构为一个新的立场、观点或假说，进而通过论证最终建构出一个可以接受的判断命题。而论证也不仅仅是以表达出来的形式来判断本质联系上的逻辑论证，它更需要非形式上的实际论证。审辩式思维的实际论证中必然包含的、起决定作用的隐含假设、情境或背景知识的内容，这些都不是形式逻辑分析的对象，却是审辩式思维研究的内容。

例如，"1斤鸡蛋5元钱，3斤鸡蛋要多少钱？"这样的小问题，如果依靠逻辑思维来完成，即"1斤鸡蛋5元钱，3斤鸡蛋15元"。可生活中并不是这样，它情况往往是这样：1斤5元，3斤13元（买得越多越便宜）。

（二）审辩式思维与创新性思维的关系

思维是从起点向终点进行理性认识的活动过程。

创新是指以现有的思维模式提出有别于常规或常人思路的见解为导向，利用现有的知识和物质，在特定的环境中，本着理想化需要或为满足社会需求，而改进或创造新的事物、方法、元素、路径、环境，并能获得一定有益效果的行为。

创新有三层含义：一是更新，二是创造新的东西，三是改变。

创新思维是指以新颖独创的方法解决问题的思维过程，通过这种思维能突破常规思维的界限，以超常规甚至反常规的方法、视角去思考问题，提出与众不同的解决方案，从而产生新颖的、独到的、有社会意义的思维成果。创新思维的建构有三种：思维起点的创新、思维终点的创新、思维路径的创新。

审辩式思维属于创新思维中——思维终点的创新，而这种创新不是创造、不是更新，而是改变，改变思维终点中有质疑的论点，保留思维终点无质疑的论述，所以审辩式思维又被称作"有载体的创新""最易实现的创新思维"，不仅成为各国认定的创新型人才所具有的基本品质，而且让创新的建构不再是空中楼阁，而是拾级而上。

（三）审辩式思维与批判性思维的关系

审辩式思维和批判性思维是 critical thinking 两个不同时期的汉语翻译，它最初被翻译为批判性思维，后来发现，很多人看到的只是"批判"两个字，且望文生义把它等同于负面含义的否定。下意识地认为，否定就是批判性思维，批判性思维必然包括否定。

其实审辩式思维的核心不是"否定"，不是单纯地说"不"、发难、破坏，用"揭露缺点或故弄玄虚的目标去做研究"，而是强调不要盲目接受现成的观点，要有质疑的态度和胆量，这个态度是中性的，它既不是肯定也不是否定，不是判断，而是提问，对观念的理由、根据的提问——它真吗？

因此，critical thinking 翻译为批判性思维不能体现其原意，何况面对一个新命题，critical thinking 不仅仅要求一个批判质疑的态度，更要求评判者在独立思考和探究的基础上，建构出一个更为完整、严密、科学的新命题。

所以，在美国威斯康星大学英语教授宋明国、中国逻辑学会秘书长杜国平、北京语言大学教授谢小庆等学者的建议下，critical thinking 被翻译为"审辩式思维"，"维基百科"中文版采用了这一译法。

（四）审辩式思维与反思性思维的关系

反思是指回头、反过来思考。即对自己的思考过程是不是科学进行认真的评估和反思，从而不断对自己的思考过程思考方法进行改进，逐步变得越来越善于思考，思考的方法越来越科学。

反思性思维，是指对某个问题进行反复的、严肃的、持续不断的深思，针对的是已经发生的问题或事件，对其过程、结果、处理方式等内容进行主动的、不断的、反复深入的总结和再思考，以求得更严密的思维、更深入的认识或更科学的行为。

反思性思维的典型特征是对思维过程和思维结果的再思考，其间有肯定、完善、提升，有质疑、论证、新建，也有顿悟、拓展、迁移，因此反思性思维中包含审辩意识和质疑功能的环节，而审辩式思维是其中的一种活动，是相信什么或者该做什么的断言所做的言之有据的反思性的活动。

第一，审辩式思维中的反思首先要判断这是什么断言。断言是对于事物及其属性或者关系的一种判断，这种判断或是或否，或真或假，因此审辩式思维会反思"该信什么"和"该做什么"。前一种称为"描述性反思"，而后一种称为"规范性反思"。这两种反思的答案是不同的。描述性反思又进一步划分为两类，事实类的和偏好类的。对于事实类的反思，有唯一确定的答案，它需要依据知识进行回答；对于偏好类，它属于主观方面，没有对错之分。而对于规范性反思，答案是多样的，但是依据一定的标准，它是有优劣之分的。

第二，审辩式思维中的反思讲究言之有据。言之有据是审辩式思维的核心部分。它意味着对于每一个断言，一定要有理由支撑，这种理由对于结论而言应该是相关而且充足的。所谓相关，意味着理由的主词、谓词与结论之间的一致性；所谓充足，对于不同的逻辑推理而言含义是不一样的。对于演绎推理而言，充足意味着推理形式符合逻辑规则，是有效的；对于不完全归纳推理而言，它意味着理由的可靠性。就是说理由数量是足够多的，没有矛盾的；对于因果推理和决策推理而言，它意味着是最佳的。所谓最佳，是指在多个候选方案中它相对最好。

第三，审辩式思维中的反思属于一种二次思维。所谓二次思维，是说对于已有思维的再思维。所谓已有思维，包括看到的网页、报纸杂志、电视，听到的广播，谈话中对于某个论断的论证过程。对于这些论断，需要对其思维过程进行反思，以此提出一系列理解性的问题和评估性的问题。理解性的问题主要是弄清楚对方的思维结构，而评估性的问题则是针对思维各个元素的品质进行提问，其目的是希望这种思维是合理的。

因为思维往往逃不脱它的固有规律，我们必须先初步考虑一次，再来仔细考虑以修正结论，即使这样，对于"信息有遗漏吗？""立场是公正的吗？""隐含假设是合理的吗？"这样一些问题，我们是很难凭借个人的视角看清楚的。

从这个角度看来，在几乎所有情况之下，审辩式思维都是一种反省式的思维。

第三章

审辩式思维在教学中的理论建构

国内外的教学研究表明，审辩式思维是可以通过教学来培养的。20世纪以来，审辩式思维心理学的兴起，八九十年代思维教学的广泛研究，这一切都为审辩式思维在数学中的教学提供了有益的支持。不仅如此，元认知理论、建构主义发展、审辩式思维理论的研究，也让审辩式思维在教学中的建构有了深厚的理论依据。

第一节 审辩式思维在教学中的建构基础

一、审辩式思维的教学取向

与传统的教学不同，审辩式思维在数学中的教学不是传统权威（主要是固有数学知识、模式）的确立，而是权威的消解，是一种质疑、批判精神的培养。也就是说，审辩式思维在数学中的教学，注重的不是学生对知识的理解和记忆，而是学生在掌握一定相关思维技能的基础上，形成的审辩意识和审辩能力。

这也使得不同学者在具体教学中有不同的主张，大体可以分为两大派：一种是以恩尼斯和贝尔为代表，主张直接教导学生进行审辩式思维策略和规则的学习。他们认为，每个学科存在着可通用的一般性的审辩原则，主张教学以一般性的审辩原则为重点，同时注重思维技巧的训练；另一种观点以马克贝科、弗莱雷为代表，认为进行审辩式思维教学要与学科知识相结合，主张在学科教学中培养学生的审辩式思维能力和批判质疑的精神。就像弗莱雷所认为的那样，单一地传授知识或技巧，都可能使教学变得死气沉沉，审辩式思维教学不是单纯地由教师将事实和技巧传授给学生，而是请学生自己批判性思考、审辩式决策他们所面对的课题、问题、学习过程和所处的社会。

上述两种观点分别对应着不同的教学取向和教学方法：前一种观点较倾向于讲解、练习的方法，用以教导学生学习审辩式思维的技巧；后一种观点较为重视通过讨论、提问、对话引导学生进行审辩式思维意识的建构，培养质疑的能力和习惯。无论哪种观点或取向，对于审辩式思维的培养，其教学至少包括三个层面：

①增强学生的质疑意识和批判精神。它包括了审辩式思维的态度、情感和倾向，使学生具有批判精神，敢于质疑、推理、猜想、重构和创造。

②建立数学中审辩式思维的相关知识。主要是指内容知识、程序知识、自我知识、情境知识，即进行数学中审辩式思维所必要的数学知识经验、数学程序性知识、数学情境性知识和元认知知识。

③提高数学中审辩式思维的智力技能，使其对所学问题或所遇到的事实清楚地进行主体判断，并由此形成一种清晰、稳定的思维模式。数学中审辩式思维技能主要包括分析能力、判断与评价能力、推理与假设能力、解释能力、自我调节与监控能力。

二、审辩式思维的教学类型

审辩式思维是"判断一个命题是否为真或部分为真，同时根据自身的思考逻辑进行修正和完善的思考方式"，它包含审辩意识、审辩技能和审辩成果等三个维度的教学内容。

审辩式思维教学一般分为三类：一是作为审辩式思维的要素所抽出的必要技能，然后直接传授这些技能；二是注重审辩式思维中意识、精神、个性塑造的教学；三是将审辩意识同技能的训练一起加以施教的教学，也称为"融合式审辩思维教学"。

由于理想的审辩式思维不仅拥有认知能力、思维策略和思维技能，还拥有探究、质疑、澄清、智力冒险、批判性想象的思维倾向，因此积极的、创新的审辩意识同熟练的、专深的审辩技能相融合，共同培养和建构审辩式思维的"融合式审辩式思维教学"是目前教学的主要形式。

融合式审辩思维教学又分为两个层级：弱势融合教学和强势融合教学。所谓弱势融合教学，是指教学沿着有限的一个框架和信念进行单一的判断、质疑和完善的教学。它显著的特征是将定义、比较、类推之类的个别技能作为目标，凸显"熟练的个人技能"，弱化学生个人思维与现实情境、他人想法、信息源的融合，容易形成以"自我中心"或"社会中心"的偏见或错误的概念。

所谓强势融合教学，是指以价值观、信念为基准，运用多种技能和能力做出合理判断的态势和判断的教学。它的显著特征是，具体的教学内容和涉及多领域的教学问题成为培养学生客观、公正、批判、创新等审辩意识的载体。

保尔指出："在现实情境中，仅仅凭借一个基本要素展开审辩式思维的情形是罕见的，通常我们必须整合多样的审辩技能，才能完成客观、公正、创新的信念和价值观的塑造。"因此，不停留在"弱势融合教学"，追求"强势融合教学"是我们教学的目标。

三、审辩式思维的教学问题

数学作为思维的体操，其教学的主旨一直在于提升学生的思维品质，特别是数学学科在培养学生审辩式思维方面具有其他学科无法比拟的优势，这就使得数学中审辩式思维的教学研究在当今强调创新个性和创新能力的形势下变得异常重要和关键。

（一）当今数学教学中忽视审辩式思维的培养

数学在培养审辩式思维方面，具有其他学科所无法比拟的优势。

因为在数学发展过程中，由于旧的知识总是不断被新的知识超越，使得知识本身具有无限丰富的含义，且这些含义都不是固定的。就像人们所说的"1000个读者就有1000个林妹妹"。一方面，不同的人可以将这些数学知识运用到不同的数学领域；另一方面，在数学发展中，这些数学知识也在不断地被赋予更宽、更广、更新的内涵，这使得数学学习成为一个不断质疑、不断挑战、不断创新的过程，这对"不唯师、不唯权、不唯真理"的审辩式思维品质塑造变得顺理成章，水到渠成。

但是，我国数学教学一直忽视对审辩式思维的培养。

原因一，在我国长期受"罢黜百家、独尊儒术""遵循主流、跟随圣人""君君臣臣"等思维惯性的影响下，审辩式思维发展具有先天的不足，特别是目前很多学校还采用的20世纪50年代苏联所倡导的"真理—谬误"的学习方法，这种"不是真理就是谬误"的思维方式不仅将教学变成了一个传授和掌握"科学真理"的过程，而且其权威性、植入式的教学形态也扼杀了很多学生对"真理"的质疑和个性思考，而统一的标准答案更让思维的审辩变得雪上加霜。

上海对小学生做过一项调查，题目是："船上有一位船长、86头羊和34头牛，问船长的年龄有多大？"90%的学生认为船长的年龄应该是86-34=52，而只有10%的学生认为这个问题不对或荒谬。从这项简单的调查中，可以看出学生唯上、唯书、唯权威，缺乏对知识信息怀疑的勇气和筛选的能力，更缺乏审辩的精神和创新的意识。

原因二，觉得数学中的结论和答案，都不容置疑。殊不知，数学中每一个新定义、新定理的产生，都要经过漫长的质疑、论证、再质疑、再论证的过程才能被世人所接受，这个过程就是审辩式思维建构的过程，其中蕴含丰富的审辩精神和审辩技能，如果能让学生经历这些新知发生发展的过程，亲身领会这些质疑所引起的数学界中的翻云覆雨，学生审辩的兴趣和渴望一定会更强烈，特别是这种有正确答案的质疑往往比某些学科发散、没有最终答案的质疑，更能打动学生的内心。

数学中的审辩式思维教学不是质疑已有的数学事实，而是要引领学生经历数学事实推导、发展和完善的过程。

（二）教学一直徘徊在"弱势融合教学"层级上

当今数学界进行的审辩式思维教学，大部分是弱势融合式审辩式思维教学。其根源是，学生不是教师能随意调教的一张白纸，他们已经发展了基于无审辩性、自我中心性、社会中心性的习惯所强化了的信念系统。因此在审辩式思维教学中，学生对于拒绝的信念、假设和推理持有疑问是容易的，但是他们对于自己所接纳了的、个人的、自我为中心地拥有的信念提出疑问是困难的。数学在学生幼小学习时可以提出很多疑问和不解，但是随着权威性、植入式的教学灌溉，学生已经形成了对数学学习"非对即错"的自我信念，这使得数学中审辩式思维的教学，只能局限在微观技能、缺少融合的弱势审辩式思维层级上。

弱势融合教学不能有效地建构审辩式思维，因为它很少接触到思考者所拥有的信念和假设。弱势融合教学存在三种类型：（1）进行审辩式思维重要性的一般性体验，浅层地感知真与假、是与非、偏见与合理的思维建构；（2）讨论主张的见解与不主张见解的差异，在学生并未考察条件与背景的情形下验证前提与结论之间的关系，引导学生学会讨论、评价主张；（3）发现结论中有可能纠正的小错误，探索形式上的或非形式上的新结论。这三种类型的教学都能用单一逻辑的框架中既定的模式解决问题，没有发展人的合理性的质疑思维。

（三）课堂上缺少教师与学生的"思维共振"

目前的课堂教学，教师往往预知解题过程和答案，所以学生做题，教师袖手旁观；学生搜肠刮肚，教师偷笑；在学生黔驴技穷之时，教师猛然"从帽子里掏出一只兔子"告知学生解答的过程。

这种缺少"思维共振"、没有和学生做到共情的数学课堂只会让学生的自信、探索欲、好奇心、想象力、挑战心受到创伤，让学生自我审辩的激情因缺少共生的土壤、创新的水源而变得枯竭。

"平等是互相对话的基石。"在教学中，教师与学生是相互促进的关系，双方在数学教学中的地位是平等的,双方具有完整的个性,因此教学中教师不在高高在上,而是做专业上的"裸体主义者",不仅能给学生精神上的鼓舞,而且能让学生看到,他们不是单枪匹马、孤军作战,还有老师和他们并肩战斗,完成同一话题的质疑交锋,进而达到教师的思维方式与学生思维方式的相互映照、相互转化。

四、审辩式思维的教学目标

(一)追求强势融合的审辩式思维教学

强势融合的审辩式思维教学具有如下特征:(1)不停留在个别技能的训练,而是要求在囊括性的、复杂的语脉中展开思维;(2)不仅有思维技能,还要有借助对话促进伴有信念和价值观的思维;(3)通过不断质疑、平等对话,培养思维的倾向性、态度之类的心智特征。

应当说,这种整合思维技能与心智特征的教学构想才是我们审辩式思维教学的目标和方向,但是它在实践方面应注意以下策略:

①为学生提供他们自己发现和自己思考的机会。例如,借助学生的"集体思维"讨论作业中的问题;借助苏格拉底式的"诘问"将所学内容与问题解决连接起来;借助"线上线下融合"的学习平台进行自主学习,独立思考,激发质疑。

②引出学生的不同观点,并让其理解。这是同智慧勇气、智力共鸣和公平性的教学结合在一起的。因此教学中要创设开放的氛围,让学生在宽松、平等的环境里展开不同角度的思考,产生多重逻辑的见解,追求以往不曾有的观念,甚至借助反方的观点促进自己的智慧勇气。教师要为学生提供彼此坚持的观点立场、修正对方误解的机会,让学生透明地去面对不同立场的观点,以及产生各异观点的理由。

③指出证据和根据。教师要引导学生就某种主张询问其理由,探索它的确凿性,还必须使学生认识到,在做出判断时,作为根据的智慧、道德的基

准必须是一以贯之的。

④确保探讨交流的时间。审辩式思维是一种反思式思维，正如伟人的发现经历长时间的尝试错误一样，问题的解决也需要经过反复思考。所以，审辩式思维的教学必须提供充足的思考与研讨时间，这种困难的经历，也能让学生理解智慧的忍耐。

（二）追求"对话性思维""辩证性思维"的提问

保尔认为，"对话性思维"和"辩证性思维"的提问是活跃知识、重建概念、创新观点的重要路径。

所谓"对话性思维"可以界定为伴随不同观点与框架之间的对话与交谈的思维，即依据某种认知框架，鉴别各自的逻辑优点从而做出主张的思维；"辩证性思维"的特征也是一样：采纳对立的观点，相互展开讨论，进而生成反论的思维，同时通过同他人的交互作用，产生合理化思维。

在对话性、辩证性的思维中，用得最多的就是利用提问刺激学生的思考，促进学生的讨论。提问时应关注四个角度：

①提问的契机。例如，"为什么你是这么思考的""你能够想出这种结论的具体案例吗"。

②提问的根据。例如，"你为什么相信这一点""相信这一点的理由是什么"。

③同其他提问的对立。例如，"你是如何看待这种对立的观点的"。

④提问的影响与结果。例如，"相信这一点的结果将会怎样""付诸实践我们能获得什么"。

通过以上提问，教师成为反思性、分析性的听者，促进学生对话性、辩证性思维的产生。

（三）创造"思维型教学文化"

课堂教学总是存在着某种文化，不管我们意识到与否，学生都在进行着某种"文化适应"。传统的教学文化是一种"记忆型教学文化"，在这种文化中，教师的作用是向学生传递信息，学生的作用是接受、存储信息，并且按照这些信息行动。这种文化环境培养的是学生被动地接受知识的倾向，而不是积极地探寻和评价信息。

审辩式思维教学追求的是"思维型数学文化"，它具有6个要素：思维语言、思维倾向、思维控制、思维策略、高层次知识、转换能力。在这种思维文化中，不是要求学生被动地接受知识，而是鼓励学生进行有益的怀疑，迫使他们提出问题、探查假设、寻求合理性。

在创造"思维型数学文化"的过程中，应注意以下三方面的培养：

①有意义接受学习。对于教师向学生传递知识，学生该如何接受知识。拒绝毫无疑念、囫囵吞枣的机械记忆，提倡有意义接受学习。即从教师那里接受知识的整体形象，在可以理解可接受的认知范围内进行同化，使之成为有意义的要素，并加以认知的结构化。

②探究学习。如果说接受学习是教师向学生提示知识的整体形象，并使之理解的教学方法，那教师不向学生提示知识的整体形象，让学生自己去思考、脑补局部知识的方式，就是探究学习。在探究学习中，鼓励学生自身思考问题、发现数学事实与数学法则。

③反躬自问。审辩式思维要求客观地、冷静地审视自己的思维过程，及时修正错误。审辩式思维并非普遍存在于每一个个体之中，归根结底，任何个体都只是某种程度上的审辩式思维者，因此审辩式思维需要训练乃至终生培养。

思维质量的优劣决定了人的整体素质的高低，思维方式的不同影响其一生的生活质量。审辩式思维教学是为学生一生发展、一生幸福助力的教学，虽任重道远，但仍需负重前行。

第二节　审辩式思维在教学中的影响因素

社会学家威廉·格雷安·索姆奈曾指出："审辩式思维是塑造优秀学子

的最佳教育方式。"虽然各国对审辩式思维的定义不尽相同，但是对于哪些因素影响或哪些因素不影响审辩式思维的建构，研究的结论却大致相同，同时审辩式思维也不是在真空中培养的，要在具体的数学教育过程中进行，要在遵循数学教育内在规律的前提下，挖掘数学中审辩式思维建构的原则和策略。

审辩式思维教学不是在真空中培养的，它在实施中不可避免地受到以下三类因素的影响——学生的个体差异、教师的教学理念、师生的教育环境（表3-1）。因为审辩式思维在内容上有赖于一定的数学知识经验，在深度上有赖于主体的发展水平，在力度上有赖于心理素质，如动机、意志和自我效能感等因素。

表 3-1 影响审辩式思维活动的主要因素

影响数学审辩式思维活动的主要因素	个体的内部因素	年龄阶段	不同年龄阶段的思维发展水平决定着主体数学审辩式思维发展程度的可能性	
		认知因素	①数学知识经验	②数学概念、命题、思维模式、解题策略	③进行数学审辩式思维的前提和基础
			①元认知系统	②起定向、控制和调节作用，处于核心地位	
		非认知因素	①意志、自信心等	②具有启动和维持作用	
	外部因素	教师因素	①教学模式	②影响学生的主体意识和思维方式	
			①教师数学观和数学教学观	②影响学生的数学观和数学学习观	
			①教师审辩式思维水平	②教师的示范作用影响学生数学审辩式思维的能力和倾向	
		环境因素	①社会和教育文化	②影响主体的思维习惯、方式和批判的意识	

一、个体差异

（一）数学知识经验是主体进行审辩式思维的前提和基础

数学知识经验是指通过个人的观察、感悟、学习所获得的数学事实（数学语言、原始概念、公理、定理、符号）、数学概念、命题、解题方法和策略等，这是进行数学审辩式思维的源泉和基础。因为审辩式思维需要以一定的思想观念为参照框架，而这些观点必须以专业领域的知识为基础，就如一个医学领域的专家不太可能对建筑领域的问题有深刻的审辩式见识一样。因此，要具备审辩式思维能力，就不能脱离知识，只有在积累大量学科知识的前提下，审辩式思维的建构才成为可能。

数学经验逐步形成个体的思维模式。思维模式是指数学认知结构中对数学信息进行加工的相对稳定的程序，它是某种思维的反复使用在高级神经活动中形成的强固的动力定型。比如，数学思维中的逼近、叠加、映射、方程、变换等模式。

数学经验思维模式是一般的通用的思想方法，因此它对数学认知活动起规范作用。进一步说，数学经验思维模式对审辩式思维的开展有积极作用，又有消极作用。其积极作用表现在能够使学生联想和运用固有的模式分析和解决问题，为审辩式思维的开展提供了背景知识；其消极作用主要表现在使学生对所学的数学知识、经验及解题方法和策略被动记忆、不加分析、不加质疑地盲目使用。

例1 在探究《有理数乘法法则》一节中，教材中出现如下探究（见图3-1）：

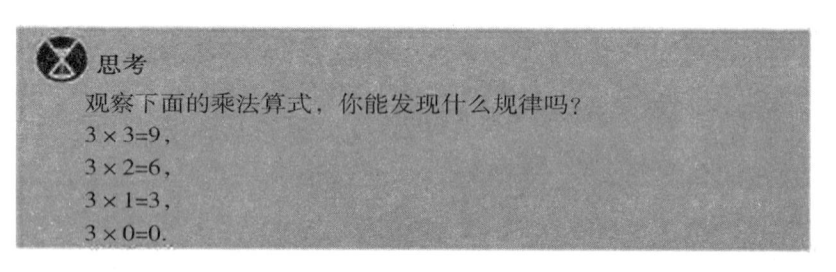

> **思考**
> 观察下面的乘法算式，你能发现什么规律吗？
> $3 \times 3 = 9$,
> $3 \times 2 = 6$,
> $3 \times 1 = 3$,
> $3 \times 0 = 0$.

可以发现，上述算式有如下规律：随着后一乘数逐次递减1，积逐次递减3。

要使这个规律在引入负数后仍然成立，那么应有：
$3 \times (-1) = -3$,
$3 \times (-2) = \underline{\quad}$,
$3 \times (-3) = \underline{\quad}$.

图 3-1

学生很容易发现"在乘式中，后一个乘数逐次减1，而积在逐次减3"的规律，学生很自然地就将这个规律延伸到负数领域中，从而出现$3 \times (-1) = -3$，

3×（-2）=-6 的结论。看似没什么问题，可是仔细研究这个推导过程，就会产生疑问：这个依次递减 3 的规律是在正数和 0 的范围内，即小学学段进行归纳的，那它到了一个新的领域——负数出现的领域，这个规律还适用吗？肯定有很多不适用的例子，如 $3^2=9$，$2^2=4$，$1^2=1$，$0^2=0$，那么$(-1)^2$等于多少？很显然，不加质疑、想当然地将已有的经验迁移到新问题的探究中，肯定会出现谬论。所以质疑过程，建构审辩式思维，会让结论的迁移、思维的迁移更具客观性。

（二）主体的元认知水平是决定审辩式思维能否顺利开展的重要条件

元认知系统是个体对自己数学认知活动的认知系统，它包括元认知知识、元认知体验和元认知监控。即通过元认知系统的监控，个体实现人脑对信息的输入、加工、贮存、输出的自动控制系统的控制，主要体现在控制思维活动内外的信息量，排除思维课题外的干扰和暗示、删除思维过程中错误或多余的因素，从而提高思维的反思性、独立性和批判性。因此，元认知系统所体现出来的质疑与批判性，体现着一个人思维活动的水平，同时元认知水平最终也通过审辩式思维等思维品质来表现。例如，学生通过不断检查解题过程的正确性并及时加以调整，这既是元认知的表现，也是区分学生审辩式思维水平的一种指标。所以数学审辩式思维的训练，主要是通过提高主体认识或认知、体验和行为三方面的监控能力来实现的。

（三）不同年龄阶段的思维发展水平是影响审辩式思维的重要因素

皮亚杰在儿童思维发展的阶段性理论中，通过大量的实验研究，认为儿童发展有一定的阶段性，他以逻辑数学作为其分析和解释的工具，将思维发展划分为四个阶段。

第一阶段：双重性（duality）阶段。

处在这个阶段的学生总是以对或错来看待每一件事。他们认为自己所接触的事物非对即错、非此即彼，别无其他情况。两重性的特点是，凡事总要问一个：什么是正确的答案。

第二阶段：多重性（multiplicity）阶段。

在这个阶段里，学生相信世界是复杂的，事物是多种多样的，看待一件事或解答一个问题，也可以有多种方法；但也有一部分世界，在那里任何事物都是不能确定的。多重性阶段的特点是：每一个人都有权利发表自己的意见。

第三阶段：相对性（relativity）阶段。

相对性阶段的特点是"一切看情况而定"。在这个阶段里，学生接受了这样的事实：在逻辑判断中需要感知、分析和评价。

第四阶段：约定性（commitment）阶段。

这一阶段的学生已经认识到，世上没有绝对的事情。他们认识到建立正确逻辑的必要性，而且可以对具体场合如何行动做出选择。约定性阶段的特点是：这对于我是正确的。

在我国，我们曾经对北京市朝阳区某学区内的小学低学段三年级，小学高学段六年级、八年级，每个学校在这三个年级按8%抽选学生进行认知、质疑、提问、操作、逻辑、合作等方面的调研（见表3-2），发现多数10~15岁的中小学生思维趋于两重性阶段，表现为：开始能够自觉地对待自己的思维活动，开始有意识地调节、支配、检查和论证自己的思维过程，在学习中有更大的独立性和自主性，喜欢问"为什么""什么是正确答案"。但同时，他们思维的批判性还不成熟，容易产生片面性与表面性。如表现为毫无根据地争论，孤立偏激地看问题，好走极端，容易肯定一切或否定一切。

表3-2 调研记录

学段	测试日期	质疑	执行	提问	积极主动性	专注力	动手游戏	合作意识	领导力素质	说服能力
三年级	2017/11/23	4.80	5.00	1.00	2.20	2.00	5.00	1.80	1.00	2.00
六年级	2017/12/3	3.40	4.80	1.67	3.80	3.67	5.00	3.40	3.60	3.33
八年级	2018/1/27	2.70	4.33	3.33	4.00	4.00	4.33	4.60	4.20	4.67

高中生的思维则具有更高的抽象概括性，并且开始形成审辩式思维。他们多从一般的原理、原则出发，或从理论上进行推理、做出判断，常常用多

重性方法来理解和整理知识，批判性比较强，思考问题时不肯盲从，喜欢探求事物表面现象的根本原因，在提出争论的观点时，往往要求具有一定说服力的逻辑论证，也就是说，高中生不仅开始思考学习材料本身的正确性，而且开始思考思想方法的正确性。当然，高中生思维的批判性也会在一定程度上带有片面性和主观性，容易产生公式主义和教条主义。

到了大学阶段，学生会表现出更强的审辩式思维能力，但多体现在社会科学方面，是社科方面的审辩式思维能力在随着他们课程学习的进展而提高。

这说明，我们要根据学生的年龄特征和思维发展的规律，培养和训练学生数学审辩式思维。

（四）非认知因素是影响个体进行审辩式思维建构的主要因素

学生的非认知因素是一个复杂的综合性概念，它通常包括动机、兴趣、情感、意志、自信心等，这些因素对数学思维发展有着动力、定向、引导、维持、调节和强化多方面的作用。从数学审辩式思维的含义可以看出，学生在数学学习过程中能否适当有效地进行审辩式思维活动，根本原因在于其是否具有审辩意识，是否具有较强的意志和数学学习的自信心。

意志是人自觉地确定目的，并根据目的调节支配自身的行动，克服困难实现预定目标的心理过程，主要体现为目的性、自觉性、坚定性和自制性等品质。数学学习自信心是指学生在数学学习过程中对自己的数学能力、数学认知、数学实践等方面的信念。意志和自信是学生自我意识的重要制约因素，它们直接影响着学习者进行自我意识的主动性和坚持性，制约着个体审辩式思维活动的进程。因为意志能控制情感，使我们的情绪服从理智。只有具备了理智的头脑，学生才有可能坚持独立思考，不人云亦云，否则就容易受别人的影响，不善于批判地吸收别人的观点。同时，意志和强烈的学习自信心也能保证学生的思维直达审辩式思维的目标。

审辩式思维是对原有思维对象的批判反思性思考，其产生的认知冲突必然受到原有思维模式的阻挠。意志和学习自信心弱的学习者更容易趋同，难以坚持自己的观点，他们不乐于尝试新的方法和策略，对批判、创新的学习活动更是缺乏兴趣。只有具备了克服困难的意志和信心，才能把所思所想贯彻到底，才能推动审辩式思维活动的进程。

二、教师的教学理念

（一）教师的教学模式影响着审辩式思维教学的长度

教学模式是在一定的教学理论和教学思想指导下，围绕着教学活动中的某一主题而建立起来的相对稳定的、系统化和理论化的教学范式。因受到20世纪50年代苏联教育的影响，我国数学教学长期以来普遍采用"讲解+接受"的教学模式，其基本程序是：

复习旧课→导入新课→讲授新课→巩固运用→小结和布置作业

在这种教学模式下，教师直接控制着教学过程，学生能够比较迅速有效地在单位时间内掌握较多的信息，突出地体现了教学作为一种简约的认识过程的特性，因而它在教学实践中盛行不衰。但这种教学模式下的学生客观上处在被动接受教师所提供信息的地位，他们仅仅通过听讲和模仿学习数学，习惯于教师的讲解和记忆现成的结论，不习惯通过自己的实践和探索总结出新的原则和方法，轻信权威，不敢大胆质疑和猜想，不愿独立思考、疏于创新、懒于创新。这样培养出来的学生虽然积累了相当的知识量，但缺乏质疑意识、审辩精神，也缺乏创新思考。国外的研究也表明，教学和课程相比较，审辩式思维的发展更受教学方法或模式的影响。

采用质疑驱动式、实践探究式、探究发现式、研讨辩论式、思维导图式等教学模式将其从单一发展到多元化，是加强审辩式思维建构的重要途径。

审辩式思维的教学模式一般采用翻转课堂让学生提前学习的方式，用以激发学生对所学内容的想法和疑问；将讲授新课转变为探究、展示或研讨学习内容，引导学生积极思考、咀嚼、消化、反思所学的新内容，并给学生质疑、发问、修正、完善等学习行为适当的地位和一定的时间。这无疑有利于学生数学审辩式思维的形成（表3-3）。

表3-3

教学模式 教学环节	质疑驱动式教学	研讨辩论式教学	发现探究式教学	实践探究式教学	思维导图式教学
第一环节	质疑准备	命题准备	创设情境	触发事件	设计导图
第二环节	质疑分享	课堂展示	鼓励质疑	探索风暴	研讨导图
第三环节	质疑辩论	审辩互证	引导探索	整合完善	完善导图
第四环节	点评与建构	论述新知	自主发展	解决运用	应用导图

（二）教师的数学观和教学观影响着审辩式思维教学的宽度

观念是一种融合个人思想以及信念体系的哲学观或世界观；数学观是指对数学的一种看法。如对数学功能的看法——认为数学知识是一种工具还是承认它也是一种文化；对数学真理性的看法——是认为数学为绝对真理永远正确无误，还是认为数学是可误的相对真理。这些观念和看法决定着一位教师教学或学习建构的范式。即教师所持有的数学观念与他在课堂教授数学的方法密切相关，教师在课堂上如何进行教学主要基于他对数学性质的理解，而不是基于他所认为最好的教学方法。Paul Ernest 也指出："教师专业数学思想的形成与他们表达数学内容的典型方式存在着一致性，这有力地说明了教师的数学观、数学信仰和爱好的确影响着他们的教学活动。"

目前教学中，还有以下四种旧的教育思想主宰着大多数教师的教学实践活动：

①在培养目标上，重视传授知识，使学生更多更好地掌握知识和解题技巧，而忽视学生独立思考、批判意识和创新能力的培养。

②在教学过程中，忽视方法的思考过程，忽视问题被发现的过程，忽视规律被揭示的过程，因而也忽视了学生建构知识的心理过程，忽视了学生审辩式思维和反思性思维建构的过程。

③在教学方法上，重视教而忽视学。存在"满堂灌""注入式""抱着走"的现象。数学教学过程被理解成教师讲学生听这种单纯的传授知识与接受知识

的单一形式。这种模式化的教学形式影响了学生思维的积极性和主动性，不利于学生审辩式思维能力的形成，也不利于学生个性的培养。

④教师习惯于让学生严格按照教材和自己的步调学习，不喜欢也不鼓励学生刨根问底和标新立异，致使学生习惯于把数学当作真理来看待。由此可见，陈旧的数学观和数学教育观不利于学生审辩式思维和创新性思维的培养。如果一个数学教师所具有的是静态的、绝对主义的数学观，那么，他无意中就会倾向于把数学知识看作一种可以传递给学生的纯客观的东西，从而数学学习就不是一种探索性的活动，所遇到的问题的正确性和合理性就会完全取决于老师或权威的裁决。与此相对照，如果一个数学老师所具备的是动态的、易谬主义的数学观，那么他在教学过程中就会大力提倡学生的参与，包括问题的解决、合作学习、批判性讨论等。另外，对学生在学习过程中产生的错误，教师也会采取比较宽容的态度，并通过师生的共同努力来消除错误，而不是简单地求助教师或教材的权威。所以教师有必要由过去的静态教学观向动态数学观转变，即将数学活动看作一个包含猜测、质疑、尝试、证明与反驳、检验与改进的复杂过程。

（三）教师的审辩性思维水平影响着审辩式思维教学的深度

审辩式思维只能由那些本身广泛参加、乐意参加审辩式讨论的人来建构。因为在教学活动中，教师具有示范的作用，教师本身就是一本活的教材，他的言行对于学生具有潜移默化的影响作用。审辩性思维水平较低的教师往往会夸大权威的作用，照搬教条，而且对自己的思维没有检查反思的习惯，依赖"真理"、答案，而审辩性思维水平高的教师能够依据现实的生活经验，独特的数学文化底蕴批判地接受数学教材或数学课本所提供的固定模式、套路，根据学生数学学习的真实体验和不同的心理特征、规律重构课程；对权威能够进行适当的评价；在解题过程中也能够从不同的侧面思考、探索、检查，这些都为学生提供了良好的示范。

三、教育的文化环境

环境影响着个体的言行也支配着个体的思维方式。中国几千年的中庸和顺从的文化传统造就了中国人谨慎、保守的人格特征。这种人格在教育中突出表现为我们教育具有奴性化的特点，培养的学生只知道采用求同思维，缺乏独立思考和勇于批判、勇敢探索的精神。

张奠宙教授对社会文化中的教育观念即中国传统文化之中的"苦读＋考试"的观念进行了分析，前者主要包括：儒家文化，现世功业；家庭期望，望子成龙；学习传统，寒窗苦读；教师中心，传道、授业、解惑。后者包括：科举争胜，读书目的是通过考试；八股程式，固守套路，不求创造；教育古训，熟能生巧，背诵模仿为主；试卷为本，一张试卷定终生，视发明创造为末技。在这种社会文化中培养出来的学生，封闭性、正统化的思想和植根于头脑中的师道尊严使他们逐渐形成了一种狭窄的、固化的、陈旧的、迷信权威和崇拜师训的思维定式。而且社会文化和教育文化都过于强化了规则的权威性而很少给学生留下反思和诘问权威的余地，这些都严重束缚了学生学习的主动性和创造性。因此，培养审辩式思维很重要的一点就是要创设适合审辩式思维生长的环境。

特别是现在科技发展日新月异，已创设出全新的教学环境。新冠肺炎疫情下的大规模线上学习，为学生自主起疑、自我质疑创设了独立的空间和时间。因为线上居家学习，所以学生只能独自面对数学中的新定义和新结论，当新知与旧识不能做到同化或顺应时，不解和质疑应运而生；因为线上自主学习，所以学生有更多时间、更多资源进行信息处理和深度反思，质疑也在反复咀嚼和不断辨析中解构、剥离，最终创建出拥有独立思考、可以接受的新命题；因为线上互助共享，所以学生会将新命题或质疑与同伴分享，这种平等的、合作的知识建设过程，更让学生体会到质疑和创新的愉悦。

例如，对某校初中364名学生进行调研，发现学生线上学习在自学、发现、分享、协商、修改等阶段呈现出辨识、理解、分析、评价、创造等五个思维品质，其中，协商和修改阶段最活跃，学生会通过不断互动、不断提问题寻找矛盾和质疑的解构点，使得协商和修改周期性地迭代发展，这都说明新的环境与文化潜藏着无数促使审辩式思维不断向更高层次转化的契机。

第三节　审辩式思维在教学中的建构原则

数学中的审辩式思维不是在真空中培养的，它的培养受到学生认知水平、教师教学理念以及师生所处的教育环境的影响，因此审辩式思维在教学实施中，必须坚持科学质疑、启迪创新、因材施教、思维对话的原则，才能保证审辩式思维在数学教学中的建构顺利推进，同时不丢失它的特性和价值。

一、科学质疑的原则

审辩式思维教学的主要目的之一就是培养学生的质疑意识，特别是科学质疑的意识。这就要求在进行审辩式思维教学中，既要增强学生的质疑意识，还要让学生掌握质疑的程序，更要锻炼学生质疑的能力。

（一）增强质疑的意识

观念与思想具有先导作用，所以进行审辩式思维教学的前提就是要增强学生质疑意识，而增强学生质疑意识的前提是要培养学生的主体意识，要让学生认识到自己是学习的主体，表现出学习时的一种主观能动性，即主体的自觉性、选择性和创造性，建立对思维过程中的问题、疑惑、结果、论证的一种判断、评价、调控的意向。也就是说，学生是审辩式思维实施的主体，其主体意识越强，就越能主动地对思维的加工对象进行深度思考，从而质疑意识就越强。

其次，增强学生的质疑意识，还需要具备开放意识，以便于克服不良思维定式和思维习惯的束缚。具有开放意识，就需要教学中创设开放的教学情境，包括教学方法开放、学习方法开放、问题开放、解题开放、课型开放等。

例如，解题开放包括一题多解、一题多问和一题多变，课型也可以包括基础课、拓展课、研究课，也可以是专题课、研讨课、自学辅导课、解题训练课、试卷讲评课等，但不管是什么课型或采用什么方法，都可以突出以提出疑问、研究疑问和解决疑问为中心，去拓宽学生的开放状态，激发他们探索的热情和欲望，从而有利于数学审辩式思维和创造性思维的发展。

最后，增强学生的质疑意识，还必须进行学生问题意识的建构。问题意识是指在认识活动中，个体对情境提供的已知信息，依据自身的认识水平和知识基础对条件、未知的结论或已知条件与结论的关系产生的一种探究、怀疑、猜测的心理状态或思维习惯。问题意识是质疑的切入点，它驱动主体运用敏锐的观察力、果断的判断力、独立思考和善于质疑的能力，积极主动地思考思维对象的正确性及依据，从而不断提出问题和解决问题。心理学的研究也表明，意识到问题的存在是思维的起点，没有问题的思维是肤浅的思维、被动的思维。问题意识的产生依赖于数学情境的创设，数学情境要创造出质疑诱思之境，引导学生展开思维的空间，让质疑以及质疑探索顺势而出。

（二）掌握质疑的程序

学生除了要增强质疑的意识，还要掌握质疑的程序（见表3-4）。

表3-4　质疑的程序

步骤	内容
1	明确怀疑或质疑的思维对象
2	检查质疑问题论证的真实性、正确性和全面性
3	检查证据与质疑的问题之间的逻辑推理是否符合逻辑规则、是否从多角度进行了分析
4	检查质疑的问题能否在更大范围内适用
5	从不同维度检查质疑问题的结论是否合理
6	检查质疑的问题是否存在未加明说或已明说的偏见、立场和观点
7	对质疑的问题做出价值判断
8	提出自己的假设和预测结果

（三）锻炼质疑的能力

质疑能力是一种综合能力，它涉及数学活动中的分析、判断与评价、推理、解释和自我监控能力，它可以将质疑意识转换为具体的问题或预设。

锻炼数学质疑能力，主要是锻炼个体的辨异能力（分析、判断与评价能力的综合）、反驳与构造反例的能力（主要是解释能力）和元认知能力（本质是自我监控能力）。这三种能力对培养学生质疑意识起着重要作用。

1. 个体的辨异能力

在数学学习中有意识比较、鉴别容易混淆的数学概念、法则、公式，提高辨别是非、真假、对错的能力，如注意辩异和防止容易产生混淆的概念性错误，如辩异弧度与角度、正比例函数与反比例函数；注意辩异和防止容易产生错觉的错误，如 $(a+b)^2=a^2+b^2$ 这类的错误；通过典型错误的分析，提高学生辨析正误的能力。

例1 若 a、b、c 为实数，则 $\dfrac{a}{b+c}=\dfrac{b}{c+a}=\dfrac{c}{a+b}=$ _____

在本题中，我们可以将原式中的 a、b、c 看作未知数，通过设 k 解方程组的方法得出答案（方法一），也可以将其看作比例式，通过等比性质来求出（方法二），但不管哪种方法，在应用中都必须满足一个条件，那就是 $a+b+c \neq 0$，否则答案就不完整。

等式变形是方程的一种转化求值，在学习了比例性质后，个体辨异能力往往让学生由比值的恒等变形想到等比性质的运用。

方法一，$\dfrac{a}{b+c}=\dfrac{b}{c+a}=\dfrac{c}{a+b}=k$ 则

$$\begin{cases} \dfrac{a}{b+c}=k \\ \dfrac{b}{c+a}=k \\ \dfrac{c}{a+b}=k \end{cases} \text{即} \begin{cases} (b+c)k=a \\ (c+a)k=b \\ (a+b)k=c \end{cases}$$

将以上3式相加，得 $2(a+b+c)k=a+b+c$，

若 $a+b+c \neq 0$，则 $k = \dfrac{1}{2}$；$a+b+c=0$，若即 $a+b=-c$，则 $k=-1$。

方法二 若 $a+b+c \neq 0$，则 $\dfrac{a}{b+c} = \dfrac{b}{c+a} = \dfrac{c}{a+b} = \dfrac{a+b+c}{2(a+b+c)} = \dfrac{1}{2}$。

若 $a+b+c=0$，即 $a+b=-c$，则 $k=-1$

2. 反驳和构造反例的能力

数学审辩式思维表现为能独立思考、不盲从、不迷信，能发现认识的不足和错误，善于检验自己的思路，不仅学会证明，还要学会反驳和构造反例。同时反驳使主体能严格地估计思维材料、分析思维过程，从而有利于质疑思维的开展。关成志以匈牙利数学家拉卡托斯关于"数学发现的逻辑"的论述为例，考察了数学教育对提高审辩式思维的作用，并引用了"证明与反驳"法的教学片段，说明了利用猜想和反驳，能构造培养审辩式思维的重要情境。恰当地构造反例是反驳能力也是审辩能力的重要表现。在教学中运用反例，从正反两方面考虑分析、评价问题，不仅有利于学生巩固数学知识，而且能提高其知情、知错和防错的能力，从而有利于审辩式思维的发展，正如教育心理学中所指出："概念或规则的正例传递了最有利于概括的信息，反例则传递了最有利于辨别的信息。"这也说明恰当地运用反例，通过比较思辨、分化和思考错误，可以强化学生正确的认识，而且反例在辨析命题真伪时，具有直观、明显、说服力强的特点，所以构造反例判断命题的真伪，是数学问题解决定向的利器。

例2 判断：若 $a>b$，则 $a^2>b^2$。

很多同学会认为上述命题是正确的，其实判断一个命题是真是假，第一反应不是去证明它的真假，而是思考它的反例是否存在，一个反例可以否掉一千个正例的结论。在此题中，我们可以让 $a=0$，$b=-1$，则 $a^2=0$，$b^2=1$，那显然 $a^2<b^2$，所以以上命题不正确。

3. 元认知的能力

元认知是指个体对自身认知过程的认识和控制，它是思维整体结构功能的内在组织形式。所有由于元认知认识不同引起的差异,最终都将在思维活动的敏捷性、灵活性、深刻性、批判性和独创性上表现出来。元认知能力培养的关键是要创造大量能激发学生高度自觉思维的情境,使之产生元认知体验,引发思维的自我监控和自我调节,同时可以培养学生反思、评价自己和他人解决问题的过程,特别是一些思考性较强、解题策略比较典型和丰富的问题,可以对不同想法的思考进行追踪和监控。

二、启迪创新的原则

启迪创新的原则是指教师在教学中创设能激发学生个性思考的情境,并通过正确的启发引导,激活学生内部动因,使其主动地获取知识,更好地分析、理解问题,并在此基础上创造性地解决问题。

如《相似多边形》一节(见图3-2),教师可设计成如下情境:同学们,请你们判断一下,咱们教室内的这块黑板,它边框内、外边缘围成的矩形相似吗?你是如何判断的?如果不相似,那你能改动一下木框的宽度,让它们相似吗?

做一做

一块长3m、宽1.5m的矩形黑板,镶在其外围的木质边框宽7.5cm,边框的内外边缘围成的矩形相似吗?为什么?

图 3-2

在情境中,教师首先让学生通过一个现实生活中很熟悉的情境,引发学生对"相似多边形的定义、性质、判定"的思考,同时通过一道开放式的宽度改动任务将学生的个性思维激活,为问题解决中的各种奇思妙想创造空间。

通过这个课例，可以发现在教学过程中贯彻启迪创新原则的基本要求如下。

（一）创设适当的问题情境

数学情景的创设涉及素材的选取、内容的组织和呈现，它以培养学生的问题意识、创新意识和提高学生的数学思维能力为主要目的。在此过程中，通过给学生呈现生动有趣、富含挑战性的数学材料信息，达到激发学生好奇心和求知欲，引起认知冲突，诱发质疑猜想的目的，使学生从中运用审辩式思维发现问题，提出问题。

（二）注重学生思维的独创性

批判性和创造性是密切相关的两种思维品质，批判性提出问题和假设往往直接导致创造性的思维，这是因为带有考察性、描述性、评价性的审辩式思维只是确认问题、辨析问题、提出问题，而解决问题、寻求答案最终要靠创造性思维（或者再创造性思维），所以个体创造力的发挥贯穿审辩式思维教学始终。

（三）发扬教学民主

发扬教学民主，即要求在教学过程中教师应该注意建立全面、民主、平等的师生关系和生生关系，创设宽容和谐的学习气氛，鼓励学生敢于发表自己的独特见解，允许和提倡学生对教师进行提问和质疑。

三、因材施教的原则

审辩式思维教学不能搞一刀切，既要兼顾教材的思维层级，也要兼顾学生的认知水平以及认知差异，尤其是学生发展中的思维差异和心理差异。

最明显的例子就是数学教材是根据数学难度呈螺旋式上升来编排的，所以同一个内容，它可能在小学、初中，甚至高中、大学重复出现。如应用题："兔以 18 米／秒速度向前方 50 米树洞逃，鹰在兔后方 110 米处以 45 米／秒速度追兔。问兔能否安全逃进树洞。"在小学出现时用列算式的方法来解决，到中学可以用方程或函数的方法来解决，其中小学的算式又有3种列法：①直接比较时间；②假设时间相同，距离还是原来的距离，比较速度；③假设时间相同，速度还是原来的速度，比较距离。而中学的方程法又可以通过列一元一次方程和二元一次方程组两种方法来解决。

以上事例告诉我们两点。

①因"教材"而施教。学生的思维发展与其所处的年龄和年级阶段有很大关系，在教学中一定要重视已有的知识和经验、知识背景和学习特点，使教学目标处在大多数学生的"最近发展区"内，不要超纲、超高要求学生的思维，让学生的思维处在一种轻松跳跃式的氛围中，以激发学生个性而有价值的思考。

②因"个才"而施教。即使在同一学段，面对同一内容，每个学生的思维状态和发展各不相同，我们既要保证群体思维的发展和塑造，同时也要为个性思维迸发的学生，提供开放的教学方式和宽阔的教学平台，让学生获得适合自身发展需要和发展节奏的教学指导和教学肯定。

同时，还要关注个体在群体中的心理差异。

威特金（H. A. Witkin）提出学生有两种认知方式：场独立性和场依存性。具有场独立性认知方式的个体在认知和行为中，较少受到客观环境线索的影响，所有认知都来源于独立分析后的判断，表现出高独立性的心理倾向；而具有场依存性认知方式的个人在认知和行为中，往往倾向于更多地利用外在的参考标志，不那么主动地对外来信息进行加工，所有认知更倾向于外力的暗示来获得，因此更易受群体的影响，心理较为脆弱，情绪较为动荡，这就要求教师在教学中真正关注到每个个体，为每个学生的审辩式思维发展搭建不同的平台，真正做到"一人一天地，一木一自然"。

四、思维对话的原则

在数学教学中进行审辩式思维，关键在于教师与学生的思维共振。为此，教师在教学中应坚持思维对话的原则，主要体现如下。

（一）平等对话

在思维对话中，教师与学生是互为主体的关系，因而双方在数学教学中的地位是平等的，双方都具有完整的个性。在对话的交互关系中，师生双方都在自由地思考、想象和创造，任何一方都不存在固定和僵硬的学习模式和交流模式，也积极减少预设的主张和看法，有的只是不断地发问、言说和回答。在不断发问、言说和回答中，数学的知识、经验、思想、价值、意义、真理、情感、态度都"裸露"在学生面前，学生便在参与对话中直观地把握了意义，获得了真知，锻炼了能力，开启了心智。

因此，思维对话不是把某种数学技能、方法等传递给另一方的方式和手段，而是展示数学技能和把握数学思想的过程，通过这个过程揭示真理，从而被学生真正理解和欣然接受，内化为自己所有。对待同一事物，由于每个学生的数学思维方式、认知模式、知识结构等数学素质不尽相同，对问题的认识、理解和处理方法、思维过程也不尽相同、丰富多彩，合理的对话过程如春风化雨，不仅可以丰富学生"再发现""再创造"的数学经历，而且可以拓展学生的想象空间，培养学生的数学思维，最终升华学生的情感积淀和数学文化素养。

（二）多元对话

在思维的对话中，要形成"多元逻辑探究"对话的情境。这需要两个条件：第一个条件，设定拥有多样视点、多样标准框架的可能扩散的基本问题，并借助这种问题展开探究，形成基于多元逻辑展开论证的"判断"以及在这种判断中所要求"基于理性反思"的探究事实；第二个条件，在视点与标准框架之间可以展开对话性交流。

由于多样的视点与标准框架是互不相容、各自独立的，因此在相互依存中进行"对话性思维"的交流就变成不可或缺。这种情形的思维对话一般分为三个阶段：一是，自我的视点与标准框架内的对话。由"为什么""什么""怎样"的问题引导自己的思维，增加论证的深度与广度。二是，自己与他者的视点与标准框架之间的对话。在复数的标准框架之间蜘蛛网般地穿梭琢磨。三是，自他视点与标准框架各自同整个视点与标准框架的对话。在整体之中了解自己的视点与标准框架的位置，思考为什么进行探究，从而基于囊括性的标准去调整、琢磨"舍去什么、重视什么，如何解释整体"。特别是在"对话性思维"中产生矛盾对立之际，展开"辩证思维"。保尔强调，辩证思维是"评价对立性思考的合理性的强弱、求得某种统整与共识"的主要原理。

（三）催生问题

在对话的交互关系中，教师不应作为知识的占有者和给予者，而应通过对话催生问题。苏格拉底曾说："问题是催生婆，它能帮助新思想诞生。"学生的思维不是凭空出现的，他需要教师给予巧妙的引导或激活：或以疑释疑、以诘诱问，使学生通过思考一步步"逼近"目标；或点拨要点，使学生之间讨论、辨析，并在师生对话中得到思维的洗礼和升华。

对话中产生的问题应具有如下特点：①它不突兀，是在合情推理中出现的逻辑问题；②它不停留在命题的表层，而是在囊括性的、复杂性的语脉中展开思维；③它不仅仅是技能的提升，更是信念、观点和价值观的修正。

思维对话就是多元思维在平等的情形下的问题碰撞，数学教学的过程就是思维对话的过程，是教师与学生的思维对话、是学生与学生的思维对话、是过去与未来的思维对话，也是经验与创新的思维对话。坚持思维对话的原则，才会有审辩素养的出现，才会有创新发展的契机。

第四章

审辩式思维在教学中的实施方略

审辩式思维的培养一直是教育的重要课题。审辩式思维教学的探索一直在各个学科、各个学段、各个媒介之间进行，其中以文、史、思政等阅读类学科的探索最有成效。

数学作为建构思维模式、遵从逻辑规则的学科，质疑往往会受到既定法则、规则、规律和结论的阻碍。因此，审辩式思维在数学中的建构，其教学的关键就是摆脱原有定式的束缚，创设民主和谐的思维环境、开放宽阔的路径、丰富有趣的意义内容，让学生的质疑意识和审辩能力能自然萌生、健康成长。如图 4-1。

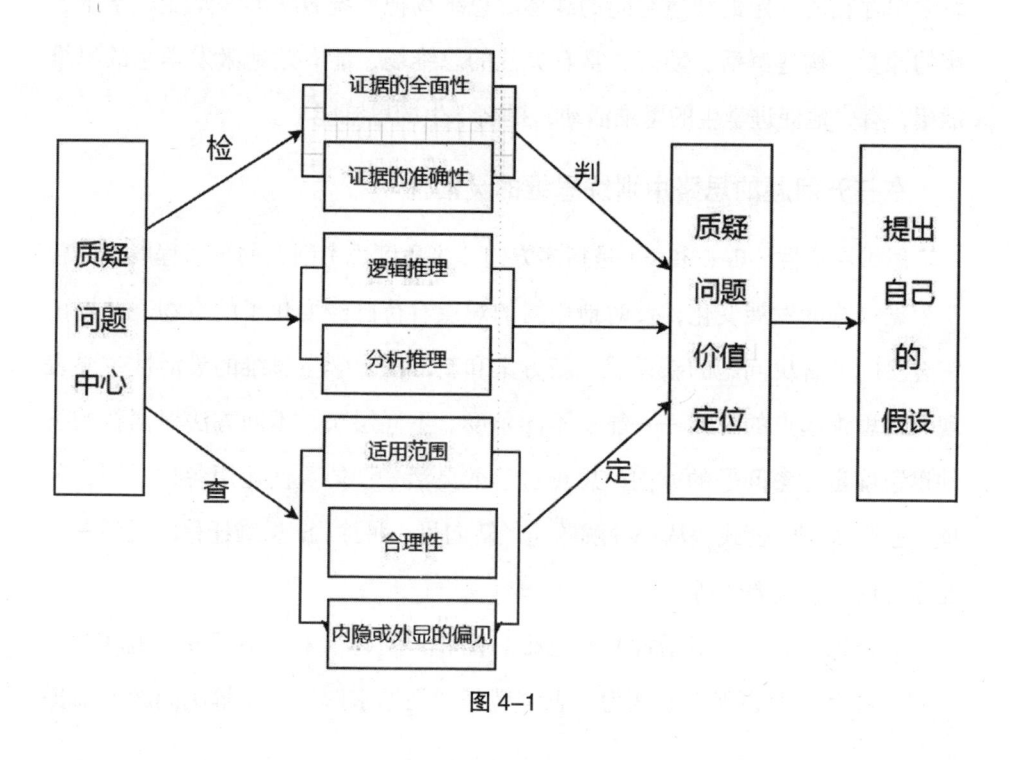

图 4-1

具体策略可以概括为四方面，分别是形成思维场、建构模式群、创建课程链、贯通课内外。

第一节 审辩式思维在教学中的实施策略

策略是指实现目标的计策或谋略。科学合理的策略是达成目标的基础。审辩式思维教学是为了培养具有审辩式思维和创新能力的、能担当民族复兴大任的时代新人，因此审辩式思维在数学教学中的实施策略应该是全方位、深层次、先进性、立体化、宽领域的系统建设。

一、形成思维场：历练优秀的思维品质

思维场，是思维产生与运演的条件系统，是由思维的内外部条件构成的动力系统，它既是信息场，也是动力场，两者互相交融，相辅相成，是课堂教学中存在的一定的智慧空间的载体。思维场把传统教学的课堂变成学生思辨的课堂，构建鲜活、动态、富有灵性的思维场，能有效地激发学生的思维欲望，有力地促进学生的思维活动，提高学生的思维能力。

在打开问题的思路中训练思维的灵活性

思维灵活性（flexibility）是指多方向、多角度思考问题的灵活程度。即善于根据事物的发展变化，及时地用新的观点看待已经变化了的事物，并提出符合实际的解决问题的新设想、新方案和新方法。学生思维的灵活性主要表现为：思维起点的灵活——能从不同角度、不同层次、不同方法根据新的条件迅速确定思考问题的方向；思维过程的灵活——能灵活运用各种法则、公理、定理、规律、公式等从一种解题途径转向另一种途径；思维迁移的灵活——能举一反三，触类旁通。

如何训练思维的灵活性呢？思维总是和"问题求解"不可分割地联系在一起，甚至不少心理学家认为，思维就是"问题求解"。而解决问题的前提

是要能够对各种不同事物进行辨别、对事物的某种性质进行判定、对所处境遇做出决策、对面临问题确定处理或解决的方案等做出正确的判断，形成解决问题的思路。能否做出正确判断，能否有解决问题的思维灵活性，也就成为具有问题解决能力即思维能力的主要标志。因此，在教学过程中，应着重引导学生从不同角度去分析问题，在打开问题的思路中训练数学思维的灵活性。

1.通过发散问题，提高思维灵活性

发散是指："从给定义的信息中产生信息，其着重点是从同一的来源中产生各种各样为数众多的输出，很可能发生转换作用。"因此"发散思维"（divergent thinking）的打开就是对思维灵活性的培养，是理解教材、灵活运用知识解决问题、迎接信息时代适应未来生活所应具备的能力，也是培养审辩式思维的通用路径。

数学中经常借助问题的一题多解、一题多变、一题多问进行问题发散，从而广开思路，掌握不同的思考方式。

例1 计算$(0.5x+5)^2-(0.5x-5)^2$。

分析：教材上是利用完全平方和及完全平方差公式先算出$(0.5x+5)^2$、$(0.5x-5)^2$的值，再将所得的结果相减，这是常规方法。但若细心观察的话，就会发现这恰巧是平方差公式右边的形式，那么，根据公式的逆向应用，可以引导学生解题如下：

解：原式 = $(0.5x+5+0.5x-5)(0.5x+5-0.5x+5)$

　　　　= $10x$

如果题目中的算式比较复杂，如$(3x+2y+5)^2-(3x+2y-5)^2$，那么后一种方法则明显优越于前一种。

例2 如图4-2所示，AB是⊙O的直径，BC是⊙O的弦，$OD \perp CB$于点E，交弧BC于点D。

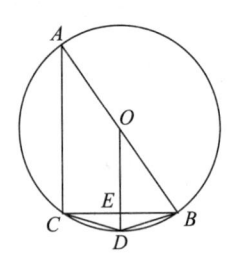

图 4-2

（1）请写出三个不同类型的正确结论。

（2）连接 CD，设∠CDB=＿＿，∠ABC=＿＿。

试找出它们之间的一种关系式并给予证明。

分析：本题是在一定条件下，探求问题的结论，属于结论开放题。解决此类问题时，通常采用由因导果的策略进行探求。解决这类问题的关键是通过观察、分析，发现图形所具有的特征及其中隐含的关系。这道开放题留给学生很大的想象空间。充分显示出思维的灵活性，同时也体现了不同学生对数学学习的个性化。教学中要引导学生多角度、多层次、多渠道地解答开放性的问题，培养学生的个性化思维，从而全方位培养学生的创造能力。

例 3 如图 4-3 中的 a 所示，∠AOB=60°，OC 是∠AOB 内部的一条射线，射线 OM 平分∠AOC，射线 ON 平分∠COB，求∠MON 的度数。

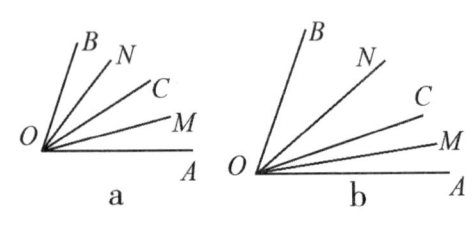

图 4-3

本题还可做如下变换：

[变题 1] 已知∠AOB=120°，其他条件不变，求∠MON 的度数。

[变题 2] 如图 4-3 中的 b 所示，OC 为∠AOB 内任一条射线，射线 OM 平分∠AOC，射线 ON 平分∠BOC，求证：∠MON=$\frac{1}{2}$∠AOB。

[变题3]如图4-4中的c所示，点A、O、B在同一直线上。OC是任一条射线，射线OM平分∠BOC，射线ON平分∠AOC，求∠MON的度数。

[变题4]如图4-4中的d所示，∠AOC和∠BOC互为余角，射线OM平分∠AOC，射线ON平分∠BOC，求∠MON的度数。

[变题5]如图4-4中的图e所示，已知三角形ABC，F是BA延长线上的点，AD平分∠BAC，AE平分∠CAF交BC于E，求∠DAE的度数。

[变题6]已知∠MON=60°，其他条件不变，求∠AOB的度数。

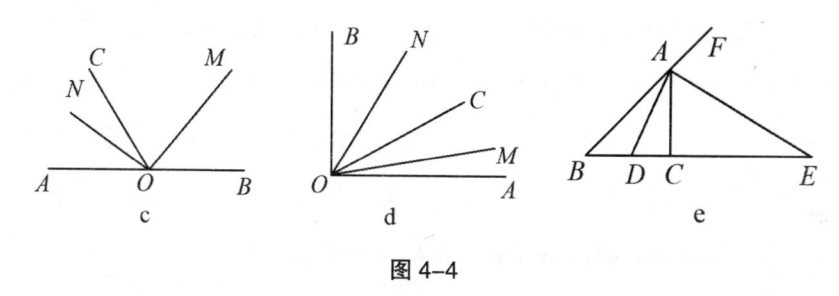

图 4-4

这种通过变换条件、变换结论、特殊条件变为一般条件等一连串的变换，使题目由浅入深，由简到繁。不仅训练了学生思维的变通性，而且也激起了学生的探求欲，促使他们主动进行变式练习，从而大大提高了学生解题的综合能力。

2.挖掘深度问题，训练思维的深刻性

思维的深刻性一般是指思维活动的深度、广度和难度以及思维活动的抽象程度和逻辑水平。它集中表现在善于透过现象和外部联系，揭示事物的本质和规律，深入地思考问题，系统化、一般化地解决问题。思维的深刻性具有如下3个内在与外在特征：善于运用对立统一、辩证思维的观点理解活动对象；善于思辨、严谨认真、敢于质疑问题、勇探真伪；善于对学习中的问题深入思考，执着、大胆猜想、勇于尝试创造性的学习。很显然，这3个特征都是审辩式思维所拥有的核心特征。

在数学审辩式思维教学的过程中，思维的深刻性是审辩思维品质诸多特性中最具基础和最为显著的要素，对其他品质特性具有统摄和联动作用。在认识事物时，若缺少对其本质的深刻揭示，其灵活性无从谈起、其批判性等将是无源之水、无本之木。所以，应当把对学生思维深刻性的培养，作为培养其思维品质的立足点和突破口。

那么如何培养学生思维品质的深刻性呢？培养思维深刻性可以通过挖掘问题、进行横纵思维训练的方法来实现。横纵思维是在基本思维方法（包括分析、综合、抽象和概括等）基础上实现的、更高层次的思维加工方式，是"发散思维→联想思维→创造想象"3个环节的具体化。在横纵思维过程中，横向围绕什么目标发散，朝什么方向联想都有明确要求；横向加工内容和纵向加工内容也有具体的指示；尤其是纵向加工，其目的是要挖掘、要发现前所未知的新属性，所用方法则是通过发散和联想思维，对某一层次的某个关键因素按照新的观点、新的角度或新的方向进行分析与综合，从而发现与该因素相关的新属性，这正是实现审辩式思维的关键，同时使思维更加具有深刻性。

例如，在学习二次根式的性质"$\sqrt{a^2}=|a|=\begin{cases}a(a\geq 0)\\-a(a<0)\end{cases}$"时，教师在复习二次根式的概念和公式 $(\sqrt{a})^2=a(a\geq 0)$ 的基础上，先提出问题1：如果把式子 $(\sqrt{a})^2$ 的平方符号从根号外移到根号内，变为 $\sqrt{a^2}$，那么 $\sqrt{a^2}$ 等于什么？（学生不假思索地脱口而出：$\sqrt{a^2}=a$）

教师又提出问题2：如果把 $\sqrt{a^2}$ 改为 $\sqrt{(-a)^2}$，那么它又等于什么呢？（学生在教师的诱导下，得到 $\sqrt{(-a)^2}=-a$）这样便得到的结果 $a=-a$，这种结果使学生产生疑问，引起学生进一步主动思考。

教师提出问题3：取何值时，等式成立 $\sqrt{(-a)^2}=-a$？a 取何值时，等式 $\sqrt{a^2}=a$ 成立？

教师化难为易提出问题4：你会计算 $\sqrt{5^2}$ 和 $\sqrt{(-5)^2}$ 的值吗？

教师通过不断地设疑和提问，引导学生去主动思考，激发学生的思维活动，调动他们主动积极参与教学活动的热情,增强学生学习的动力,有效地控制教学方向,达到深刻理解二次根式性质的目的。

3. 反思问题,提升思维严密性

科学研究的成功,重大科学奥秘、规律的揭示无不与实施方案设计、实施的严密性有着密切的关系,究其本质则是思维严密性的体现。思维的严密性(科学性、辩证性、深刻性、逻辑性)主要表现在通过细致缜密的分析,从错综复杂的联系与关系中认识问题的真假性。思维的严密性是在思考问题时能考虑到涉及实验的各方面,做到"百密而无一疏"。

为了完整地反映整个事物,反映事物的本质和内在规律性,更为了思维成果在付诸实践的过程得以顺利施行,必须多视角、多侧面、多因素、多向度地进行思考和论证,必须对可能出现的情况、可能起作用的因素、可能发生的后果逐一进行考察和预测,然后经过分析、综合,依据对主要矛盾和主要矛盾方面的基本判断做出科学的抉择或决策。抉择与决策的把握性取决于多向度思维的严密性。没有"水银泻地"般的严密性思维做前提,便不可能有"闪电行空"般的果断抉择与决策。

在学生的课堂学习中,表达和倾听是两个必不可少的要素,而这两个要素又与学生的思维紧密相关。倾听是在课堂上获得信息的重要途径,倾听教师的引导、倾听同学的见解能够帮助学生打开思路,带来启发;而表达则是在课堂展现思维过程和结果的形式,是将思维具体化地以言语的状态呈现。而学生的思维能力就是在倾听和表达这个往复的循环过程中不断完善,不断丰富,臻于更加严密、准确的境界。关注学生的表达,培养学生的倾听习惯,并在表达和倾听中让学生思维严密性得到进一步发展,做到三思而后行。

同一个问题,不同的学生,不同的思考角度,就得出了不同的思考结果。学生们正是围绕着一个核心问题在相互倾听和表达中拓宽了思维的广度,提升了思维的品质。思维过程展示出来,才能进行严密与否的判断。对于学生来说,课堂表达就显得尤为重要。而且,在充分表达中,通过对他人表达的专注倾听与细致分析，同样是增强思维严密性的策略。

思维的严密性表现在思考问题遵循逻辑规律，提出问题明确而不含糊，推理合乎逻辑规则，论证问题时条理清楚、有根有据。因此，在教学中，教师应注意学生说理、说思路的训练。思维是语言的内核，语言是思维的外壳，两者有着密切的联系。学生的表达往往反映他的内在思维过程，让学生对他人表达的"挑刺"其实就是一个思维严密性的锻炼过程，一种科学思维方法的学习。

4. 质疑问题，增进思维的批判性

如今的社会，信息是首要的资源，然而当我们面对的是一个信息海洋，当各种信息迎面扑来时，我们就必须具备选择信息，评价信息，做出决策的能力。这就需要我们具有一种独立的批判性思维。不然，我们就有可能被信息的汪洋大海所淹没，被各种似是而非的解决方案所迷惑，被那些真实谎言所误导。正因为如此，有人把批判性思维列为未来社会公民必须具备的五大技能之一。在《美国学校教学课程与评价标准》中指出"在课堂中应该形成一种氛围，以批判思维为教育的中心"。

思维的批判性主要表现为思维能依据客观条件的变化而及时变化，从而适应各种不同的情况，这需要有准确的判断和自我批判的态度。表现在学习中就是学生能对所学东西的真实性、精确性、性质和价值进行个人判断，从而对做什么和相信什么做出合理决策。古人云："学起于思，思源于疑。"心理学研究表明，疑最容易引起定向——探究反射，有了这种反射，思维也就随之产生。科学的发明创造往往是从质疑开始，从解疑入手，因此课堂教学教师应把质疑、解疑作为教学过程的重要组成部分。如何鼓励学生质疑，指导解疑，需要讲究策略。日常教学中可以发现，学生提出的问题大多是一般性的问题，教师可以不必急于解难，应鼓励学生自己解答，使学生既敢于质疑，又能解疑，以树立其信心。

学生学习的根本就是在"发现问题—分析问题—解决问题"的思维流程中能够采用正确的思维方式获得结论。不能发现问题的学习是肤浅的，不能解决问题的学习是徒劳的。因此在教学中要启迪学生善于发现问题，更重要的是让学生能够独立地、多角度地、辩证地思考问题，从而能够有效地解决问题，这是学生思维能力发展的核心所在。学生在不断地反思和质疑中能够形成更为稳定的思维方式，面对问题不仅能够有的放矢，并且不会墨守成规，学生的思维便会充满灵活性与批判性。

批判的过程实质上是一个提问的过程，而提问本身就是一个批判的形式。在课堂上我们要把自己当成学生的伙伴，一定要保持人格上的平等，不但要容许学生质疑提问，还要有意识地去激发培养学生的思维批判性，多问一个"真是这样的吗"，促使学生多反思，多质疑，这些看似平凡的反思、质疑必将增强学生思维的批判性，为学生科学素养的形成产生积极的作用。反思与质疑可以引领学生批判性思维的形成；同样地，批判性思维也需要经过反思与质疑。这就需要教学中从质疑到批判，从批判进而解疑，形成一个科学理性的过程。

如果学生习惯于批判性、反复地深入思考问题，那么他们的思路就会开阔、灵活，见解就更深刻、新颖，也就越容易进行创造性思维。我们在教学实践中不难发现，几乎所有的学习成绩优秀的学生都具备较好的批判性思维能力。21世纪是国际间科学技术竞争更加激烈的世纪，我们的学生将是国家重要的建设者。在新世纪里，缺乏批判性思维也就难以创新，而创新是一个民族进步的灵魂。因此，批判性思维的培养应基于学生每一天的学习与实践，并进一步延伸为学生的个性品质，让质疑与批判性反思伴随着学生创新意识的形成而丰富。

5. 拓展问题，培养思维的创造性

思维的创造性是思维活动的高级过程，是个人在已有经验的基础上，发现新事物、创新新学法、解决新问题的思维过程。这是发散思维与聚合思维的统一，从而使某种设想脱颖而出。思维的创造性表现为：善于摆脱逻辑思维的束缚，借助直觉洞察研究方向和选择课题；善于打破思维定式，诱发灵感捕捉机遇；善于摒弃已有认识模式，运用想象标新立异；善于转换思路，对问题进行发散思维，特别是逆向思考；善于对事物进行联想和类比，从中启迪思想；善于在极不相同的事物间发现共同点，在极为相似的事物间寻求不同点；善于在事物的多样性中寻求高层次的和谐与统一；善于综合运用各种方法解决和处理问题等等。

发散是指大脑在思维时呈现的一种扩散状态的思维模式，它表现为思维视野广阔，思维呈现出多维发散状。发散是指从所给的信息中产生信息，从同一来源中产生各种各样的为数众多的输出，这是一种高层次的思维方式。"拓"是开拓、开辟，"展"是展开、发展，"拓展"即开辟新的领域，追求新的发展。教学的拓展就是结合教学内容，让学生多阅读一些，多知道一些，多思考一些……有效的拓展，可以开阔学生的眼界和胸襟，丰富他们的体验和阅历；可给予他们实践和创新的自由，提供机会，从而促进他们的全面发展。拓展是从一种学习到另一种学习的关联，这是一种知识与能力的迁移。发散呈现的是"横看成岭侧成峰，远近高低各不同"的多角度、多层次；而拓展实现的是"举一隅而反三隅"的全方位。因此在教学中尊重学生意见，允许大胆思考，鼓励学生发问，注重培养学生换个角度看问题，对解决问题会产生突破性的效果。

一石激起千层浪，一个问题为学生创设了思维发散和拓展的空间，同时激发了学生的想象力，得到了丰富多彩的答案，每个答案都有其中的道理。学生对这个问题的理解程度就能看出其思维的深度与广度。学生思维的创造性就在这样的学习活动中培养起来了。

二、建构模式群：冲破传统的思维困境

教学模式是在一定教学思想或教学理论指导下建立起来的较为稳定的教学活动结构框架和活动程序。它包括5个因素：理论依据、教学目标、操作程序、实现条件、教学评价。

教学模式是具有独特风格的教学样式，作为结构框架，它必须突出教学活动整体及各要素之间的内部关系和功能；作为活动程序，则必须突出它的

有序性和可操作性。

数学模式的程序化、技术化，被很多教师简单地认为，模式就是在具体环节和方法去指导教师如何教学，这样就很容易将教育降格为一种技能训练，把教学降格为一种简单的程序操作。

现代教学论认为，优化课堂教学过程、释放教学理念，既需要一个相对稳定的教学模式，但又不能一成不变，应该因情而制、因学制教。因为没有一种模式是能够适用于所有学生、所有老师、所有内容、所有学段的教学要求的，只有在遵循教学原则和规律的基础上，根据教学内容、学生情况和个性化追求的不同，挖掘出在不同阶段、不同层次、不同手段、不同追求下的适合学生和谐发展的形态各异、侧重有别的模式样态群，才能让教学自由强劲地发展。

在我国，研究审辩式思维的起步较晚，虽然出现了大量有关审辩式思维培养的研究，但是如何通过建模的方式在课堂上实现审辩式思维培养的研究少之又少。

审辩式思维在教学中的建构，其一般模式还是以思维的"自省→自证→自修→自用"为主线设计教学程序和内容：创设出审辩式思维运行的情境＋质疑展示和研讨＋修正完善命题＋拓展应用，但是放在教学中，特别是数学学科教学中，作为思维体操的数学，常常表现出不可控、突发性、延展性、灵活性等特征，因此数学的审辩式思维教学还不能用单一的一种模式或一条路线控制它，毕竟我们培养学生审辩式思维的目的就是要塑造不盲从、不执拗，能客观认识世界和社会，具有理性、个性、创新性思维和能力的新时代人才。

因此，数学审辩式思维教学在坚持"科学质疑、启迪创新、因材施教、思维对话"原则的基础上，创建更为灵活、广阔、开放、个性的模式群，彰显思维和教学的自主性、发展性和创新性。

数学审辩式思维的教学模式群主要包括：以质疑驱动为中心的教学模式、以研讨辩论为中心的教学模式、以实践活动为中心的教学模式、以思维导图为中心的教学模式、以反思自省为中心的教学模式、以阅读探究为中心的教学模式，这些多样性、互补性、融合性的模式群形成数学审辩式思维建构的生态系统。

（一）质疑驱动式教学模式

质疑驱动式教学的起点就是提出问题，这也是质疑驱动教学的重点。首先在教学之初，教师必须充分激发学生的思考，使之产生问题。产生问题的路径可以是针对事物有所质疑或疑问而提出问题，也可以是针对事物的缺陷或不足而提出问题，还可以用发展的眼光对事物的后续发展进行探究或预测而提出问题，这些多维、多样、多层的问题组成了质疑驱动教学的原始素材群。

接下来，教师和学生要对这些问题进行分类和比较，根据问题的深浅、难易、宽窄以及学生关注度，师生共同选出其中关键性的质疑，聚焦核心性的问题，进行下一环节的讨论和探究。

在讨论和探究环节，师生可围绕以下问题进行：聚焦质疑的论点是否合理？论据是否真实？论证过程是否符合逻辑？质疑的后果是什么？……学生互相表述自己的观点，并根据已有信息或收集的信息，判断或采纳他人的观点，经过不断的研讨、交流、探究，最终形成对质疑或问题合理的解释。

最后，将质疑引发的问题予以解决，并客观描述其中的原理，达到思维的整体提升。

质疑驱动式教学模式的一般流程是（见图 4-5）：

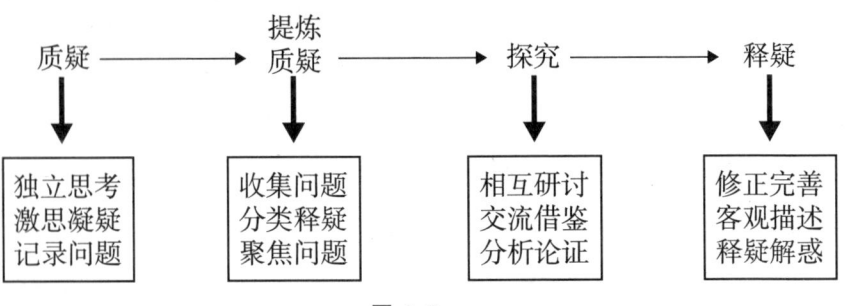

质疑 ——→ 提炼质疑 ——→ 探究 ——→ 释疑

| 独立思考 激思凝疑 记录问题 | 收集问题 分类释疑 聚焦问题 | 相互研讨 交流借鉴 分析论证 | 修正完善 客观描述 释疑解惑 |

图 4-5

（二）研讨辩论式教学模式

研讨辩论式教学模式是在质疑驱动式教学模式上发展而来的，其重点是课堂辩论，操作上较为复杂。

研讨辩论式教学与辩论赛有相似之处，但绝不等同于辩论赛。研讨辩论式教学是学生在教师的指导下，针对学习中的问题，选定辩题，根据自己的理解和认识形成正方和反方，采用辩论的形式，各抒己见、辩驳问难，在论证己方论点并力求驳倒对方论点的过程中，加深对命题的理解。其实在整个辩论过程中，其重点不在于辩论的技巧，而是对命题的理解和阐释。

英国哲学家图尔敏1942年提出了一个可以应用在教学中的辩论模型，不需要太多技巧，就可以让学生像苏格拉底"诘问"一样不断逼近论题本质，有效地激发和引导审辩思维的产生，并且对审辩的深度和广度进行调控和评价，这使得"审辩有了载体，创新有了根，审辩思维不再是无的放矢，而是拾级而上"。

研讨辩论式教学主要采用以下程序：

第一步：准备论点——提前一周将论证课题布置给小组长，由小组长带领组员进行论证板块的分工、研究和汇总。

第二步：展示论点——由某一小组代表按图尔敏模型的构成，依次进行"主张→审辩（质疑及解释）→新主张"的展示。

第三步：辩驳互论——听众对论题中的"理由""保证""论据""支持"中的内容提出疑问，然后由展示小组进行解释或反驳，这种"质疑＋反驳"的链条可以循环多次，直至质疑解除。

第四步：完善论点——在多次"质疑＋反驳"的基础上，由展示小组对结论进行更客观、更科学、更严谨的描述。

研讨辩论式教学模式的一般流程是（见图4-6）：

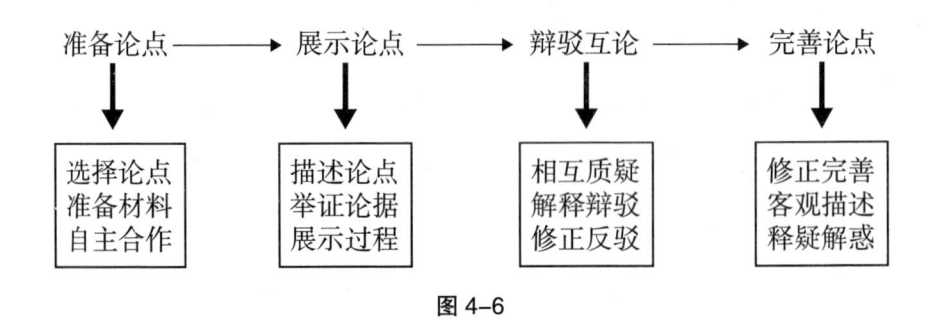

```
准备论点 ──→ 展示论点 ──→ 辩驳互论 ──→ 完善论点
    ↓            ↓            ↓            ↓
┌────────┐  ┌────────┐  ┌────────┐  ┌────────┐
│选择论点│  │描述论点│  │相互质疑│  │修正完善│
│准备材料│  │举证论据│  │解释辩驳│  │客观描述│
│自主合作│  │展示过程│  │修正反驳│  │释疑解惑│
└────────┘  └────────┘  └────────┘  └────────┘
```

图 4-6

（三）实验探究式教学模式

数学实验不同于物理、化学、生物等实验，数学实验的本质特征体现在：借助一定的物质工具，在数学化的思维指导下，通过实验操作解决问题的数学实践。

实验探究式教学模式，是指以数学中质疑的问题或观点为研究对象，通过实验操作或论证的方式探究出质疑的现象和问题的本质，从而得出结论的模式。

实验探究法被称为理科教学的基本方法。英国科学教育运动倡导者阿姆斯特朗认为："实物教学或演示实验不管有什么样的价值和效果，都无法与发现式的实验教学相比拟。只有通过观察、实验来探究事物和现象的运动规律，才能从本质上对科学有个理解。"

实验探究教学也会激发学生对数学的求知欲和探索以及创造的欲望，学生在学习数学的过程中，通过自己动手操作和观察对数学有关的知识结构和猜想进行验证，在原有知识的基础上构建新的知识理论体系，学习新的数学理念，总结数学新规律，逐渐形成学生勇于探索、科学求知的良好品质，锻炼学生的思维能力，促进学生的综合发展。

实验探究式教学模式主要采取以下环节：

第一步，提出实验课题。通过现实生活中遇到的问题，识别出可以通过实验来探究的问题。

第二步，实验建模。根据要探究的问题，建立数学模型，然后通过"头脑风暴"选取合理的实验内容,并预设实验结果。

第三步,预设方案。根据实验预设,设计实验方案及具体步骤,明确要达到的目标。

第四步,实验循证。根据实验方案,进行程序测试,发现问题及时解决,并优化实验方案,直至得到准确结果。

第五步,实验报告及应用。分享实验过程,展示实验成果,应用实验结果解决实际问题。

实验探究式教学模式的一般流程是(见图4-7):

```
提出实验课题
    ↓
  实验建模
    ↓
  预设方案
    ↓
  实验循证  ←否
    ↓是
实验报告及应用
```

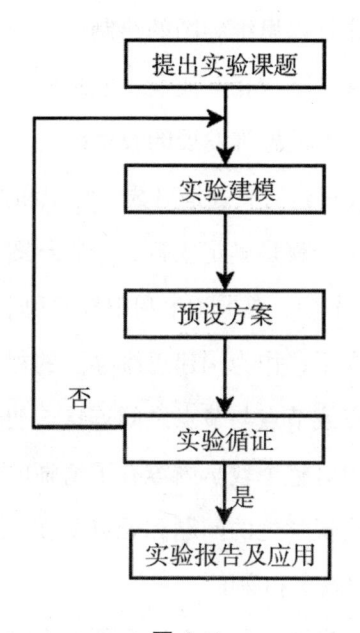

图 4-7

(四)思维导图式教学模式

思维导图又称心智图、脑图,是20世纪60年代初期由英国教育学家东尼·博赞(Tony Buzan)提出的。他按照人类放射性思维的特点,以一个关键主题为中心,主题的分支从中央图形向四周放射,各个分支形成一个个连接的节点结构。这样思维导图就成为一种可视化的图像,在头脑中我们可以将色彩、图像、文字等多个概念结合在一起,以直观形象的图示建立起各个节点之间的联系，模拟思维网络系统使人思考、记忆分析和归纳创造，最大限度地激发大脑的潜能，帮助学习者高效地记忆、理解知识，理清脉络、解决问题，训练学习者的逻辑思维，提升创造能力。

思维导图作为一种有效的教学辅助工具，其核心是将形象思维和抽象思维相结合，将抽象的思维过程转化为具体的文字、图形和线条，使学生从整体看见主题与各分支以及各个分支之间的联系或脉络层次，促进学生新旧知识的连接和整合，层次分明地浓缩知识结构，达到快捷梳理知识体系和方法拓展的效果。

思维导图式教学模式是以思维导图的绘制、讨论、修正与完善为教学主线，通过思维导图的个性分享与相互质疑，发现问题解决或构成的路径和逻辑，从而优化思考过程、促进思维发展的教学范式。

思维导图式教学模式实施的关键是对数学知识和方法的深度理解和把握，因此思维导图式教学第一步就是确定主旨、绘制导图。此环节一般放在课前预习中完成，即在预习环节中，要求学生利用教材和学习资料，筛选出概念、法则或方法中的主干和支干，作为构建思维导图的根基或中心，然后用线条及文字将基点与各个节点或节点与节点之间连接，初步构建出思维导图的框架。这样，学生在预习中对整个教学内容有了清晰的了解，同时教师也可从学生上交的思维导图中发现学生的问题和难点所在，及时调整课堂教学策略和重点，提高课堂教学的效率和深度。

第二步，展示导图，交流完善。学生将预习中设计的导图在小组内进行相互展示和释疑，并绘制出代表本组共同意愿的思维导图，由组长（或其他组员）在班内向全体师生进行汇报讲解，同时提出本组不能解决的问题或还存在的疑惑，同老师或其他组学生进行交流和研讨。

第三步，教师点评，完善导图。教师针对各小组的问题和导图中每个节点的内容和思考，进行逐一梳理、组织和分析，拓展相关知识要点，由点到面，组织整个内容体系，使复杂抽象的内容能够层次清晰地表达出来，使学生可以准确把握学习内容的要点和核心，进一步增强知识点之间的逻辑性，同时完善导图的设计。

第四步，应用导图，创新思考。学生根据自己对思维导图的理解和掌握，应用到以往有难度的问题或开放性问题的解决中，体验导图在启发思考和创新思考中的价值，同时充分让学生表达自己的观点和看法，培养学生的审辩式思维和创新性思维的能力。

思维导图式教学模式的一般流程是（见图4-8）：

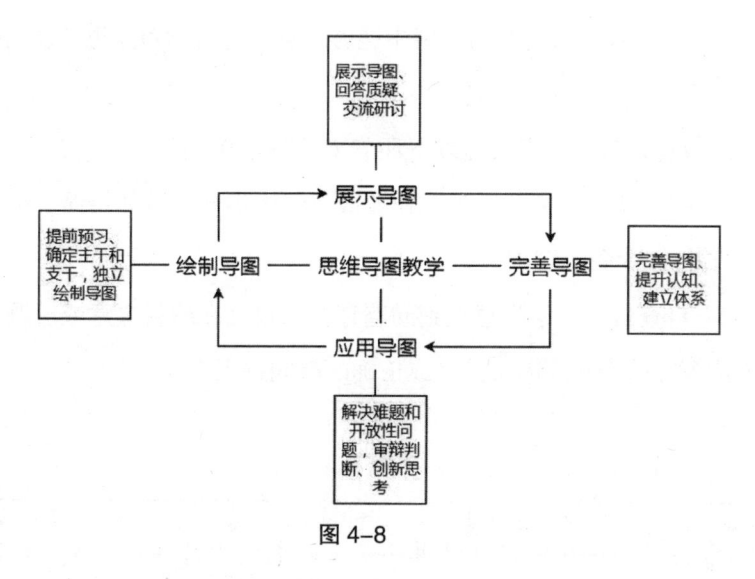

图 4-8

（五）反思式教学模式

反思，即回头，反过来思考，是一种自觉的思维活动，针对的是个体自身的思考过程。

反思式教学就是在课堂上将教师的教和学生的学与反思自省活动相结合进行的教与学的过程，它需要教学者和学习者的共同参与，教学者在教学过程中引导学习者对自身学习活动的过程以及活动过程中所涉及的有关事务、材料、信息、思维、结果等学习特征进行反向思考，学习者通过反思的过程，更好地领悟方法和活动经验，从而指向未来的发展。

反思式教学模式强调创设反思情境和强化反思意识相结合、多角度引导和增强学生反思技能相结合、严格合理的规范与培养反思学习的习惯相结合。

在反思式课堂教学中，教师要创设一个轻松愉快、信任合作的氛围，从学生的实际出发，探索学生学习中的问题所在，及时改正错误，优化知识结构，强化反思意识。教师要经常采取多种办法有意识地引导学生发现自己学习中存在的问题，多层次、多角度解决问题，从而培养学生分析、评价、实践和交往的技能。同时，反思也是学习过程中强化自我意识，进行自我监控、自我调节的重要形式，所以教师应通过严格合理的规范要求学生，使其养成良好的反思习惯，在以后的学习实践中能够自觉地进行学习反思，强化旧知识、理解新知识。

反思自省式教学一般实施以下环节（见图4-9）：

（1）展示错误。通过学生在作业或考试中出现的具体错误，引发学生对知识、方法或思考过程的自省与反思。

（2）自查自纠。学生意识到问题存在，自己在题目立意或解题过程、或解题方法等方面查找原因，并完成正确的解题过程。

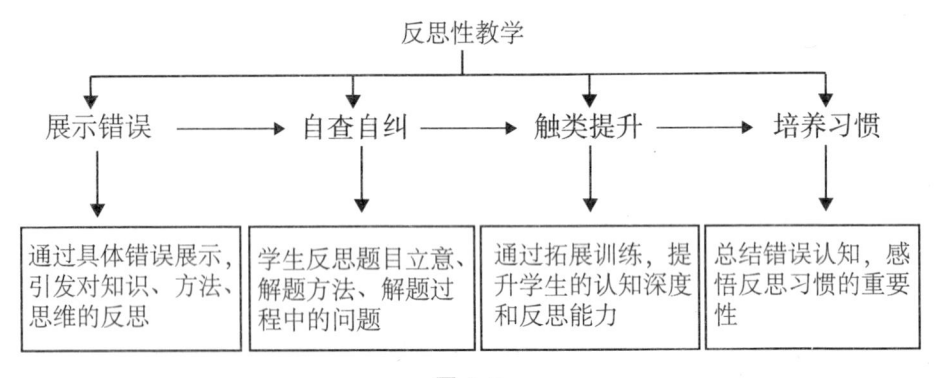

图4-9

（3）触类提升。针对学生出错的题目，进行拓展练习，再次引导学生从题目本身的结构以及解题过程进行认真反思，深入探究，举一反三，触类旁通，不仅提升解题能力，更加强反思意识的培养。

（4）培养习惯。师生共同总结在解题经验、方法提炼、优化探索方面的一些错误认识和错误思维，认识到及时反思、不断反思是提升自我、少走弯路的良好习惯。

（六）探究式阅读教学模式

阅读是学生学习的途径和基础。数学学习中会接触到各种各样的数学语言，包括文字语言、符号语言、图形语言等，对它们的理解、转换和挖掘，是数学解决问题的开始，也是数学世界连接现实世界的窗口。

但是教学中不难发现，很多学生的数学阅读能力是其数学素养的薄弱部分，整体表现为对数学材料的阅读领悟不深刻、不准确，尤其表现为对数学题目的审题分析头绪不清，挖掘不透，造成只能依赖教师的讲解，丧失了自我探索的能力和兴趣，制约了数学素养的深度发展。

探究式阅读教学，就是学生在阅读的基础上自主探究出各种数学语言之间的关系，解决阅读中的质疑，提炼出数学问题的过程。探究式阅读教学不仅培养了学生的语言识别能力、理解能力、分析能力、问题解决能力，更使学生在阅读中感悟到文化和思想的巨大魅力，养成阅读的兴趣和习惯。

因此在探究式阅读教学中，一般是自主阅读认识新知识，借助讨论解决新疑惑，通过探索实验获得新技能，基于此，探究式阅读教学模式有以下四个环节：

（1）课前阅读、初步感知。教师在课前下发相关的阅读材料，分别是背景材料、课堂教学材料和课后研读材料，并让学生完成阅读笔记和阅读质疑。这个环节要注意培养学生的笔记习惯和提出问题的能力。

（2）汇集问题、讨论辨析。课堂上学生展示阅读笔记并提出阅读中产生的质疑，以及自己对质疑的思考与探索。教师将问题汇集成问题串开展小组交流讨论，互相解疑排难。这个环节应注意培养学生的思辨能力、逻辑推理能力和表达能力。

（3）合作交流、深入理解。由于学生认知水平有限，对知识的理解有局限性，因此学生的答疑和解惑会有不完善、不准确的地方，教师应以指导者、参与者的身份对学生的不足做必要的补充和调整，以及教学理解的剖析和数学本质的挖掘，使学生获得准确、完整和深刻的认识。这个环节要体现合作交流意识，凸显生生交流、师生合作的教学特点，强调思维训练和挖掘数学本质的教学原则，在思维碰撞中圆满完成答疑解惑。

（4）当堂检测、教师指导。教师通过题组训练检验学习效果，学生依据阅读探究情况进行自我评价，并对课后研读资料进行阅读指导，达到提升和巩固阅读方法和阅读习惯的作用。

探究式阅读教学模式的一般流程是（见图4-10）：

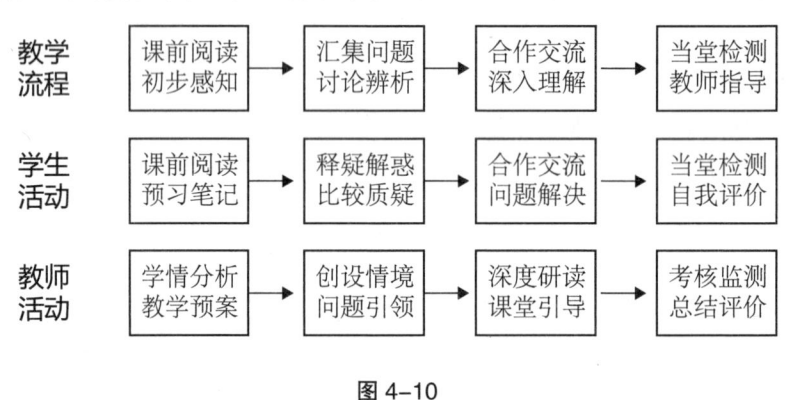

教学流程	课前阅读 初步感知	→	汇集问题 讨论辨析	→	合作交流 深入理解	→	当堂检测 教师指导
学生活动	课前阅读 预习笔记	→	释疑解惑 比较质疑	→	合作交流 问题解决	→	当堂检测 自我评价
教师活动	学情分析 教学预案	→	创设情境 问题引领	→	深度研读 课堂引导	→	考核监测 总结评价

图 4-10

三、创建课程链：锻炼积极的思维习惯

数学审辩式思维是审辩式思维在数学中的体现，是指"一种判断数学命题为真或部分为真的思考方式，是一个通过理性达到合理结论的过程"。即在数学学习活动中有目的、有意识地对已有的数学表述和数学思维过程以及结果，做出自我认知的分析、判断、推理、解释和调整的个性品质。

数学审辩式思维不仅有益于学生的个性学习和个性成长，还是纠正盲从或封闭的良方，是求真的利器和创新的基础，是独立判断和科学决策的前提，是每个学生都应掌握的基本技能（数学课程标准中的论述）。

培养学生的数学审辩式思维品质，主要体现在审辩意识、审辩能力、审辩精神和审辩个性等方面的建构和锻造，但它无法通过一节课或一个活动来实现，它需要的是持续的、系统的课程滋养和环境渗透。

课程是以实现各级各类教育目标而规定的学科及它的目的、内容、范围与进程的总和，它包括学校老师所教授的各门学科和有目的、有计划的教育活动。一般分为国家课程、地方课程和校本课程。

国家课程是国家对某一学段学生在某学科中所应达到的知识能力目标所设计的教学内容和教学活动，它体现了学科教学的底线，但不能承载不同区域、不同学校、不用学生的个性要求和个性追求；同样的，地方课程也是地方教育部门根据本地政府所设定和追求的发展目标而编制的教学材料，所以它也不能满足不同学校、不同学生对自我的追求和创想。

数学审辩式思维是国家课程要求培养的能力之一，所以国家课程中包含审辩式思维培养的素材和案例，教师可以通过国家课程校本化的实施，择取其中有空间材料进行拓展或改造，形成国家课程的衍生课程；但这样挖掘和拓展还远远不够，审辩式思维还需要更多的、系统的指向审辩意识、审辩能力、审辩精神和审辩个性锻炼的课程，即校本特色课程。国家课程的衍生课程与学校的特色课程一起，构成了审辩式思维培养的课程链。

（一）树立审辩意识的课程

树立审辩意识，主要是指质疑意识和批判性意识的塑造。质疑意识就是心有所疑，并提出问题、解决问题。质疑和批判不是凭空进行怀疑，而是要通过大量实验、实践、实操等亲身活动的课程，自主激发出学生的质疑意识和批判意识。

举例两种课程：数学游戏课程和数学阅读课程。

1. 数学游戏课程

数学游戏，在《简明不列颠百科全书》中表为"Mathematical recreations"，被定义为"一种运用数学知识的大众化的娱乐活动"。数学游戏，就是将数学问题在游戏中体现出来，使人们在游戏的同时能够潜移默化地学到数学知识、数学思想、数学方法。数学学科本身的高度抽象性，往往让人深感乏味，数学游戏的趣味性和娱乐性正好给"冰冷的美丽"增添五彩的外衣，促使学生在游戏中产生"火热的思考"。在数学游戏中，学生可以积累下数学活动的经验，体味数学探索的愉悦，又因为在游戏中解决问题的方法往往是独辟蹊径、不拘一格、具有个人特点，所以游戏化学习能大大拓展人的数学思维和审辩思维，获得解决数学问题的方式方法，对数学学习有着较大的促进作用。

数学游戏课程，是指以数学游戏为基本活动的学习的历程，它所选择的游戏有两类：一类是挖掘国家教材中的游戏成分变成课程，如数的问题、形的问题、逻辑的问题和可能性的问题所隐含的游戏内容；另一类就是学校根据自己的培养目标自主开发的课程，如七巧板、四巧板、九连环、折纸、剪纸等拓展类游戏课程。

数学游戏课程的教学目标是通过游戏化的过程体验，培养学生的数理计算能力、空间想象能力、动手操作能力，特别是数学核心素养中的数学抽象、逻辑推理、数学建模、直观想象、运算能力、数据分析、审辩思考，都会通过游戏活动的研究过程，得到综合运用和有效提升。

数学游戏课程的评价，区别于传统数学课堂的教学测评，它强调充分发挥学生的数学知识和能力，帮助学生积累数学活动经验，为以后数学教学过程的建构提供了新的视野。在活动探究、找寻答案的过程中，立足学生成果（作品）的产生，引导学生交流、自评或互评，提高学生交流、反思、质疑和思辨的能力，以此作为学习成效的体现。

2. 数学阅读课程

数学阅读是指从书面数学语言中获得意义的心理活动过程，包含感知理解、联想记忆、想象迁移等心理活动和分析综合、判断归纳、推理演绎等思维活动。数学阅读是数学自主性学习活动的重要方式。

数学阅读课程，是指在教师的指导下，学生自主对数学材料进行数学化分析（信息提取、转译、内化），形成并表达自己数学观点的课程。数学化分析主要是指文字语言、符号语言、图形语言的转换，转换过程中产生的疑惑、不解、质疑甚至是谬误，极大地锻炼了学生的理解能力、分析能力、思维审辩能力。

数学阅读课程的素材可以自己收集素材，但更多是国家教材中的拓展材料，甚至是课本中夹杂在定义、结论、规律、法则表述之外的小字部分，常常在常规课堂上被忽略，认为不重要、不会考、也没时间学的内容，对学生的数学素养的提升和拓展却起到了至关重要的作用。如人教版七年级上册第一章第一节的《正数和负数》中的阅读材料，就是有关古代算筹的历史进展，它是数的产生，也是数学中抽象思维的开始。

数学阅读课程的学习，使学生阅读从"有趣"走向"有效"，培养了学生用数学的眼光、审辩的思维、数学的语言来表达自己观点的数学素养。科学数学阅读的习惯和方法、可持续学习的能力，为未来学习数学提供了切身参与数学知识、思想方法建构活动的实践体验，奠定了学生自主学习的基础。

（二）锻炼审辩能力的课程

审辩思维的建构需要审辩能力的支撑和训练。审辩能力就是具有实施和建构审辩式思维的认知和工具，如认知方面，应具有建立在怀疑精神之上的理性思维，以及思维整合后的高层次思维；学习方式方面，应具有自主学习、项目式学习、研究性学习、STEAM 学习的基本方法；探究工具方面，应具备数学探究的基本现代实验工具，如几何画板、图形计算器、excel 表格等。

锻炼审辩能力，指的就是在数学学习中根据审辩式思维发展的规律，针对审辩式思维活动中的关键环节或者薄弱之处，有意识地对其进行引导促进其发展的教育活动。它能够保证学生审辩式思维活动正常发展，克服既定思维障碍，从而改善思维的审辩式品质，掌握审辩式思维方法，提高审辩式思维意识和能力。

锻炼审辩能力的课程主要有三种：第一种是数学认知方面的提升，如针对审辩式思维的特点，精心选择典型题目，通过解题渗透审辩式思维建构；第二种是学习方式的训练，如有关自主学习、项目式学习、研究性学习、STEAM 学习、跨学科学习的课程；第三种是学习工具的课程，如几何画板与数学、图形计算器、思维导图在数学中的应用等课程，通过这些技术性的工具来拓宽和启发多维角度的思考和质疑。

举例两种课程：TI图形计算器工作坊、思维可视化工具训练营。

1. TI图形计算器工作坊

《TI图形计算器工作坊》课程属于数学实验课程。

"学生学习应当是一个生动活泼的、主动的和富有个性的过程，除接受学习外，动手实践、自主探索与合作交流同样是数学学习的重要方式。"数学实验就是通过不同形式的自主学习、探究活动，有效地再现知识产生的背景、还原知识产生的过程，让学生体验数学发现和创造的历程，在动手"做"的过程中掌握数学知识，获得数学方法，培养创新知识。原本枯燥、抽象的数学概念、公式、定理因动手实验而在学生眼中变得鲜活、生动，学生由此转变对数学的偏见，发现数学中的趣味和价值。

数学实验不同于数学游戏的体验性，它更侧重于论证研究。数学实验是指教师或学生通过操作专门的器材，使某些事物产生或某些过程再现，从而探究或验证自己对事物性质、规律或结论的思考。简言之，就是教学中借助一定的器材、运用一定的技术手段，在数学思维的高度参与下，开展的一种实验探究活动。

TI图形计算器是一款既有计算功能又有绘图功能，甚至可以编程的计算器，是学生学习数学的强有力的辅助工具。

在中学阶段，数学的抽象性凸显，给学生的学习带来一定困难，释疑解惑变得空洞而不易理解。借助图形计算器不仅能进行基本的计算、解方程、解不等式、数据统计，更主要的是它能直观地绘制各种各样的图形，并将问题探究过程进行动态演示和形象的轨迹跟踪，甚至可以编程验证某些猜想，而且TI图形计算器屏幕大，方便观看携带，交互性强，因此也被称作移动的数学实验室。

《TI图形计算器工作坊》课程是指利用每周固定的校本课程时间，在专门的数学实验教室里，由教师和学生共同探讨学习TI图形计算器的基本结构和功能，学生在基本掌握 TI 图形计算器操作与应用的基础上参与后续课程学习的活动。教师选择合适的探究内容，恰当地设计课程，引导学生主动探究、动手操作、合作交流，如频率与概率的关系、函数图像、几何图形的变换等需要直观显示或大规模数据计算的内容，所以应让学生了解并掌握 TI 图形计算器的功能和方法，熟练地应用和解决相关的问题。随着学习的深入，数学思维的抽象性增强，给学生的学习兴趣和学习品质提升带来一定的困难，从而发现问题、探索方法、质疑解惑、创造性解决问题，提高思维能力，树立审辩意识，提升数学素养。

如学生用 TI 图形计算器进行操作，通过数学的过程，理解数学概念和数学定理的内涵。主要内容可以是绘制图形，建立新概念的视觉原像；构造反例，分析可能发生的概念错误；模拟实验，把握生活经验与数学概念的异同；扩展引申，获取概念更为丰富的信息与外延；编制程序，获得对算法语言以及数学知识的深刻理解。

开设《TI 图形计算器工作坊》的目的是让学生学会使用现代化工具去探究或验证自己的猜想或预设，培养学生的动手操作能力和审辩思维能力，提升数学素养和科学精神。因此，课程《TI 图形计算器工作坊》的评价方式要避免死板的数字化评价，应该更加注重学生在学习中的过程评价，注重学生应用图形计算器解决问题的能力与检测检验能力，注重对学生应用意识的评价，比如，可以给学生出一道开放性题目，让学生结合所学内容提出解决问题的方案，并进行学生之间的交流。

2. 思维可视化工具训练营

思维可视化（thinking visualization）是指运用一系列图示或图示组合把本来不可见的思维（思维路径及思考方法）呈现出来，是一种抽象思维显性化的工具。思维是隐形的，传递和学习的难度远远大于纯粹的知识，因此将看不见的思维的过程和方法进行清晰呈现的思维可视化工具就成为理解、记忆和运用知识的有力支点。

思维可视化工具包括思维导图、流程图、概念图、鱼骨图、逻辑关系图、模型图，这些工具可以有效帮助学生掌握复杂知识网络，明确各层级知识点之间的联系，从而提高学生的逻辑思维能力，促进学生创新思维的培养。

《思维可视化工具训练营》课程是以数学知识、数学方法、数学逻辑为载体，进行思维可视化的六种工具的学习，并利用不同工具解决数学中的不同问题、建构不同的认知体系、命题体系和方法体系。它主要包括以下内容：了解思维工具的来源、内涵、特征和绘制方法，理清数学中概念、思考路径和思想方法，最终尝试设计数学中认知、方法和思考过程的可视化图示，并总结可视化图示的设计策略，完成对数学知识点、方法性、结构性的系统认识。

如可以用思维导图对某章、某节的核心知识进行设计，其思路是：梳理核心知识—外部知识结构建构—内部知识结构建构—绘制思维导图—修正与反思。梳理核心知识时遵循由大到小的方式进行，即先对某一学期或某一章的知识体系有个比较清晰的认识，然后从外部知识结构进行梳理，也就是先在单元知识之间建立联系，再逐渐细化知识，对其内容知识之间的关系再做梳理。通过这样一个由大到小的过程，可以让学生整体地把握数学知识的脉络，提高思维素养。

《思维可视化工具训练营》课程的评价，可以采用档案袋评价的方式进行。档案袋评价是指有目的、有计划地收集与组织学生的作品，以呈现作品的品质与表现情形。课程结束收集学生的思维图示等作品，结合学生在创作过程中的反思评价，能够清晰地了解学生形成的思维进步与改变的历程，促进学生发展进步和自我的成长。

（三）塑造审辩精神的课程

审辩式思维包含两个维度的内容：思维能力和思维倾向性。审辩思维能力包含解释、分析、评估、推论、说明和自我调控六项认知技能，都可以通过思维训练来完成；审辩思维倾向性是指情感倾向在思维活动中的表现，如质疑、批判、创新、个性、气质等因素，其中质疑与批判是最基础的审辩思维倾向性，而个性与创新的思维倾向性是审辩式思维所追求的终极目标，这也是审辩精神中最重要的内涵。

波普尔说："无论是人文社会科学知识，还是自然科学知识，其共同的一个特点就是它们都是人发现的，所有知识不存在终极源泉，观察和理性都不是权威，知识就是猜想，所有的理论都是假说，都可以证伪或推翻。"人类的思考是为了求真，但波普尔的这段话说明所有真理的"真"都是自以为是的"真"，因此审辩式思维就是让人们对"真"的限定性保持清楚的认识，具有个性思考和创新的底气。

"对于复杂的科学问题和社会问题，并不存在唯一的真理，并不存在可以被普遍接受的、合理的命题和判断，仅仅存在若干个普乐好（plausible，看似合理）的命题和判断。"（谢小庆教授语）因此，审辩式思维就是让人们坚持独立思考，无惧社会普适范式，但同时独立思考必然有大量个人情感、经验和观念的接入，使得大家即便遵循同样的思考和论证的范式，也会出现不同的答案，因此坚持独立思考的同时，也要对自己的观念和论断保持开放的态度，并在众多探索中登高博见、豁目开襟，形成创新的论断。

审辩精神是一种意识、素养，更是一种建立在高层认知之上的思想。思想是客观存在反映在人的意识中经过思维活动而产生的结果或形成的观点及观点体系，是对客观世界的再认识、再吸收、再转化，所以体现审辩精神建构的课程一般会选取数学史、数学家的成长史以及数学思想方法的形成等方面的内容，通过其中的典型事例来培养学生的个性思考和创新变革的意识，因为任何进步，哪怕是一点点的前进都是建立在质疑、反思、扬弃原有成就的基础上的，如罗巴切夫斯基冲破欧式几何思想的束缚创立了非欧几何、伽利略推翻亚里士多德的力学开辟了近代力学、达尔文推翻物种不变论创立了生物进化论……这些成就都是科学家、思想家对真理的"真"不懈追求和勇于创新、勇敢超越的结果，通过本课程的学习，不但开阔了学生的知识视野，更用事实和实例让学生感受到审辩精神的力量，从而自主建构创新的意识和个性的思考。

举例两种塑造精神的课程：数学史、民族数学史。

1.《数学史》课程

《数学史》是行走于数学和历史之间、侧重数学思想探讨的课程。其课程内容主要是部分有代表性的经典数学史实，开展探究性阅读和审辩式思考，从中领悟数学进阶的规律，理解数学发展过程的多元化、数学思考的多样性，并将数学史中所展示的智慧逐渐沉淀为学生的内在涵养。

"人类对数与形的认识从简单到复杂，这与学生学习数与形的顺序基本一致。远古时代的数字用来统计野果、人群、猎物数量，而几何图形则被用来测量田地、河流和绘制道路。从此，观察者、梦想人、好奇者和匠人踏入了数学领域。若想了解数学到底是什么，就必须追随数学发展的脚步，追溯那漫漫的数学史岁月。它的学习将有助于思考我是谁，我能干什么，我的梦想能否实现？每个学生都拥有强大的学习潜能，而打开这宝库的钥匙就是数学史激发出的内心原动力。"

《数学史》课程中蕴含着丰富的人文精神，隐含着创新人才培养的思想路径，彰显着数学独特的教育功能：利用数学家的伟大成就，可培养学生爱科学、爱祖国的情怀；重视数学家的创新思想，可激发学生的创新火花；挖掘数学家身上具有的审辩式思维品质，可帮助学生树立正确的科学观、人生观和世界观；弘扬数学家的高贵品质，可培养学生坚忍不拔的意志。

《数学史》课程的评价方法，既不适合以考试的方式进行，也不宜以一篇小论文确定其最终学习效果，课程评价可以从学生现有认知水平出发，设计多项切实可行、生动有趣、富有创新性的任务。由教师为学生提供学习平台和学习支持，引导学生以小组为单位，通过对信息的收集、分析、处理和总结，完成学习任务并展示其成果。

2.《民族数学史》课程

数学是一种文化，并且在人类所创造的文化中，数学一直占据着十分重要而独特的位置。目前学校数学课程中的"数学"，其实质是古希腊传统意义下的数学。为什么处于不同文化背景中的孩子要学习同样的数学？各民族是否有自己的数学？……《民族数学史》课程给予了回答。

《民族数学史》告诉我们，世界上各民族的文化背景很不相同，从而形成了各民族文化传统中特有的数学，例如，记数系统和计算方法、几何意义和图形概念等等。由此可知，数学课程并非纯之又纯的数学真理的堆砌，它是具有本民族文化传统和文化智慧的结晶。因此，数学内容并非学得越多越好，而是要看这些数学内容是否合乎本民族的社会环境，融于本民族的文化传统中，能否适应社会现实的挑战。中华民族具有几千年的数学文化传统，它是整个人类文化的重要组成部分。《民族数学史》课程告诉我们中国传统数学的成果不仅仅限于比西方早若干年的数学结论，而是中国传统数学的观念、思想、方法在整个人类文化中的地位与贡献。

《民族数学史》课程的内容主要是通过中国古代数学与以古希腊为代表的西方数学、中国古代数学与现代数学的对比，展示了中国数学独特的价值取向。如《九章算术》体现了实用性、计算性、算法化以及注重模型化方法的特点；《算经十书》体现了解决社会政治、经济、军事、文化等方面实际问题，为生产服务的特点；《五经算术》体现了古代数学受儒家文化影响的特点。相比古代教育，现代教育更注重数学思想的建构，相比中国古代数学，中国现代数学正在摆脱西方数学给国人带来的不适宜的素材和思维（如笛卡尔坐标系的引入放在"战舰"游戏的素材），寻找更合适的背景材料，同时将数学由"大众数学"向"个性数学"转化，以此满足每个人成长和思维发展的需要。

《民族数学史》的评价是强调传统文化的保存与传递，学会在古代数学发展的进程中汲取智慧，并应用解决现代遇到的数学问题和现实问题。

四、贯通课内外：创建审辩的思维生态园

审辩式思维是一种科学的抽象方式,也是一种长期的思考习惯。所谓习惯，就是面对任何命题，都会惯性地思考它的真假性，不是一味拒绝也不全然盲

从，而是根据已有信息做出符合自我认知的真假判断，这种判断是阐释、分析、评估、推导以及解释等综合思考过程的结果，也是逻辑性及变异性的创新过程，是形成创新思维的基础。

审辩式思维的培养是思维方式的培养，要通过教育让学生来习得，更需要一种外在环境的潜移默化，因此只在教学方法上进行改革，或只在教学过程中引入审辩式思维的教学元素，结果并不乐观。因此我们要全方位、全方面推进审辩式思维教学形态的构建，形成一个培养审辩式思维的教育生态环境，形成一个培养学生审辩式思维的全新教学培养模式。

（一）全学科建设审辩思维生态园

审辩式思维是一种思考方式，因此各个学科都可以选取教材中某些可以审辩解读的内容进行开放性问题探究，形成全学科建构审辩式思维的氛围和情境。

如开展以"阅读"为主题的研究性学习活动。

在语文教学中，学生学《孔乙己》，小说里的"我"最后一次见孔乙己时，孔乙己的双腿已经断了而且又黑又瘦，但孔乙己最终的命运如何呢？文章没有交代，只有一句话"孔乙己大约的确已经死了"。这时我们可以设计一个开放性题目以促进学生审辩式思考：结合自己对当时社会环境的理解，写出孔乙己的结局并说出缘由。

在历史教学中，在复习工人运动的发展时，教师也可以先给学生提供工业革命时期工人捣毁机器、英国宪章运动群众集会、巴黎人民保卫蒙马特尔高地的大炮等几幅图片，然后提出开放性问题：这三幅图能否反映"无产阶级是资产阶级的掘墓人"这个观点，请说明理由。

在数学教学"分式基本性质"时，可以先复习分数的基本性质，然后提出开放性问题：你觉得分式的基本性质和分数的基本性质相同吗？为什么？

以上几个例子都说明了，全学科建设审辩式思维生态环境的关键是选取合适素材，设计开放性问题，激活学生个体思维，产生个体构想，为后续的循证活动打下基础。

(二) 综合实践活动建设审辩式思维生态园

综合实践活动是教育部规定的学生必修课程。开展实践活动旨在让学生走进社会实际，通过亲身体验的学习，积累和丰富综合运用知识的能力，以及处理问题的直接经验和意识，是"从课本延伸到课外、从课堂延伸到校外、从学校延伸到社会"的一种学习，这种广阔而且真实的情境学习，会让学生对审辩式思维思考的意义更加深刻和认同。

利用综合实践活动建设审辩式思维生态园，可以从以下方面切入：

①设计研究性问题：实践证明，在综合实践活动中，向学生提出一些他们无法立即回答但又比较贴近现实的问题时，学生往往能够很好地进入深度思考。比如，路线规划、活动设计等活动，都需要学生将不同的观点和事实联系起来，提出自己的解决方案，同时在别人新观点、新方案中进行审辩式思考。

②构建基于问题解决的教学情境。在学生开始用审辩式思维解决问题时，教师可以构建某种情境，在情境内指导学生按照思维的步骤来获得解决问题的经验。思维的步骤包括：感觉到现在无法立即解决的问题或困难→收集和问题有关的事实→提出可能解决的假设→检验假设的合理性→按假设解决问题。整个步骤也是对审辩式思维能力的训练。

③鼓励学生运用不同的方法解决问题。学生积极探索解决问题的不同方法，能够提高发散思维能力，但对大多数学生而言，对问题提出两种以上的解决方法比较难，因此在这个阶段展示各种需要考虑的事实和条件以及展示多种解决方式，有助于拓宽学生审辩式思维的思考角度、宽度和维度。

④在综合实践活动的不同阶段，采用多种形式发展学生的审辩式思维。例如，在活动准备阶段，可以通过活动主题或方案制订创设质疑的氛围；在活动实施阶段遇到问题，可以组织学生分析和辩论；在活动总结阶段，可以引导学生进行反思：在活动中我们遇到了哪些问题？他们是怎么解决的？哪

些方法值得我们继续运用？得到哪些教训？以后该如何避免？……通过一系列的自我追问、反思，有效培养学生审辩式思维能力。

心理学家 Leonard S. Kogut 说过："创设一个鼓励的环境和提供给学生机会都能改善学生的审辩式思维。"所以，综合实践活动正是创设了这样的环境和机会。

（三）"互联网+"创设审辩式思维生态园

借助"互联网+"搭建以培养学生审辩式思维为目标的教育生态园是当今教育的趋势。

1. 线上——激活质疑和创新

"学起于思，思源于疑。"新冠疫情下的大规模线上学习，为学生自主起疑、自我质疑创设了独立的空间和时间。因为线上居家学习，所以学生只能独自面对数学中的新定义和新结论，当新知与旧识不能做到同化或顺应时，不解和质疑应运而生；因为线上自主学习，所以学生有更多时间、更多资源进行信息处理和深度反思，质疑也在反复咀嚼和不断辨析中解构、剥离，最终创建出拥有独立思考、可以接受的新命题；因为线上互助共享，所以学生会将新命题或质疑与同伴分享，这种平等的、合作的知识建设过程，不仅让学生体会到质疑和创新的愉悦，更是让质疑的焦点逐步聚焦在命题的本质上。

对某校初中 364 名学生进行调研，发现学生线上学习在自学、发现、分享、协商、修改等阶段呈现出辨识、理解、分析、评价、创造等五个思维品质，如表 4-1 所示。其中，协商和修改阶段最活跃，学生会通过不断互动、不断提问题寻找矛盾和质疑的解构点，使得协商和修改周期性地迭代发展，促使审辩式思维不断向更高层次的创新转化。

表 4-1　审辩式思维层级列表

层级	描述	具体表现
辨识	识别或辨认命题中存在的争议或问题	辨识、确认需要进一步探究或阐明的问题或困惑

续表

层级	描述	具体表现
理解	清晰相关的论据、知识、方法或观点	提出问题涉及的信息、知识结论的来源；明了与争论、问题相关的论据和观点，明确争论和困境的本质，以交换信息为目的提出问题
分析	能组织已有信息鉴别未知信息或剖析问题找到逻辑组成	将证据、信息、知识进行分类，找出争论、困境、观点之间的异同，识别和填补知识与信息空白，并且自己进行判断
评价	审辩式地评价信息、观点或知识	判定知识、信息、资源的有效性、重要性、实用性和相关性，审辩性地评价观点和观点的前提，给出自己的意见并评价别人的意见
创新	产生新的知识、观点或策略，并采取行动	构建、创造、发明和设计新的知识或观点，产生替代假设和观点，实践方案并修改方案

同时，调研数据也显示，没有教师或专业导师的引领和指导，学生的质疑和创新更多围绕在自己感兴趣的，甚至是偏离主题、脱离学科认知的问题上，使得数学知识的建构多停留在表层，很多具有学科深度和普世问题的"巧"质疑就像"放进瓶子扔到海里"一样，没有引发更深入的思考和思维进阶。

由此可见，线上教学虽然极大地激活了学生的自主质疑和创新，但知识建构缺乏逻辑和深度，浅层且低效。

2. 线下——精准解构和重建

线下教学是以教师为主导的教学活动。教学中，教师一般会在课堂上精心挖掘教材中"认知冲突"或"思维困惑"的关键点，将其预设到教学的"情境引入"或"问题探究"的环节中，让学生很自然地发现冲突和矛盾，从而顺利引向教学主题，高效建构需学习的知识体系。

殊不知，这种人造的、指向性强的情境创设虽然可以很快引出质疑，高效且精准地建构出新知体系，但是这种单薄的情感体验、单一的质疑路径不仅很难激发学生多样、深刻、个性的思考，而且学生质疑和审辩的热情也会慢慢消退。

对某校初中12个班的线下传统课堂进行调研，也发现教师在激疑、质疑、分享、建构、应用等课堂环节中，激疑、质疑用时最少，建构和应用投入最多，特别是教师对焦点质疑的精准分析、精彩解构都会牢牢吸引着学生，主导着质疑的节奏、方向和内容，其间学生虽收获满满，却很少生成个性化的思考以及投入者的激情。

由此可见，线下教学中虽然释疑、重建精准有力，但却缺少原创质疑的动力和活力。

3.线上线下融合——质疑驱动式教学

质疑驱动式教学是以质疑为内容，释疑为主线，通过创设质疑情境、质疑研讨、质疑重建来帮助学生建立一种自主学习、主动探索的全新学习模式。

线上学习为质疑创设独立空间和时间，质疑被最大限度地激活，筛选部分质疑资源放到线下课堂，在教师的指导下进行分享、研讨和重构，是质疑驱动教学在线上线下融合的混合式课堂教学的探索，也是课堂走向未来、走向思维、走向个性的必由之路。

线上激活质疑，线下重构质疑，线上线下结合，最大限度发挥质疑的领跑功能，成为审辩式思维培养的载体，质疑不再像平静的水面，也不像放进瓶子扔到了大海，而真正成为教学本身，成为推动审辩发展的力量，就像谢小庆教授所感叹的那样：现代科技让质疑成为必然，让审辩有了土，让创新有了根。

第二节　审辩式思维在教学中的实施方法

方法是人们在认识和实践活动中获得一定成果的方式，是为了解决理论课题和实际问题而采取的手段和操作的总和。数学审辩式思维在实施中形成了一定教学策略，而数学审辩式思维教学实施的具体方法将让这些策略成为具体的教学行为，从而让数学审辩式思维在教学中真正落地生根。

一、自我质疑的方法

质疑，古已有之，"疑是思之始，学之端"。质疑，是指个体能够对已有的观点或结论不盲目接受或否定，而是大胆合理地提出怀疑的行为。

质疑是审辩式思维教学的前提和基础，没有质疑与怀疑，教学就会变成灌输式教学，不会有探究、辩论、研讨、完善等教学行为，审辩式思维的建构也会变成无源之水、无本之木。

在数学教学中，激发质疑的方法一般有四种。

（一）概念质疑

数学中的概念较为抽象，对于学习中较难理解和掌握的概念可以采用可视化的材料或动场，特别是对于学生认知准备不充分的数学概念，可视化的材料或动场可以为学生提供丰富的表象素材，在观察、类比和想象的过程中引发直觉思维，或者引导学生发现恰当的现实素材，为质疑活动提供认知的"停靠点"。

例如，对于八年级下册的《黄金分割》，由于学生的认知结构中缺乏与之相联系的相关知识，没有新知识的固着点，也就是缺乏足够的"数学现实"，因而可以提供有代表性的典型事例，如图4-11所示，对比图中同类图片，你觉得哪张图片的构图最美？

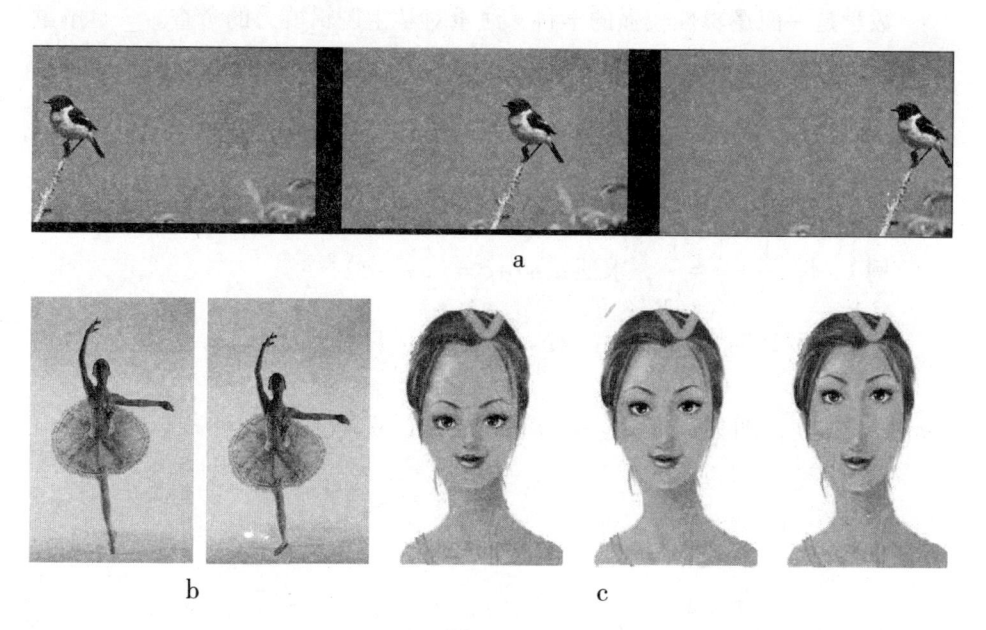

图 4-11

对概念理解不透彻,也容易产生疑问,很难做到概念的同化和顺应,更不能进行准确的判断和理解的迁移。例如,在学习了一元一次方程的概念后,学生会对"$x+\frac{1}{y}=1$"为一元一次方程产生怀疑;在学习了二元一次方程组的概念后,会对$\begin{cases}x=1\\y=1\end{cases}$产生疑问。

概念学习过程中,提前预习是自我产生疑问的较好路径,因为现在教材的内容不仅浅显易懂、生动有趣,而且在知识混沌处都有留白的设计,给学生质疑提供了充足的空间。例如,学生在预习了函数概念后,结合经验和实例,会不由自主产生如下疑问:函数中两个变量的关系必须有规律吗?变量的取值必须不同吗?变化过程反映在变量上,是指哪个变量必须在变化?函数中自变量的取值受限吗?学习函数到底有什么用?……这些质疑都是函数概念理解的关键点,也是函数概念抽象之处,将其借助质疑展开分解,可以有效地助力概念的深层理解。

(二)因果质疑

数学是一门逻辑性较强的学科,注重对学生逻辑能力的考查。一旦解题过程中出现思路混乱或机械模仿,那因果质疑就会应运而生。在教学过程中,教师可以通过因果质疑或教给学生因果质疑的方法,查找每个问题出现的前因后果,理清解题思路,推进解题前行。

例1 设 $\frac{1}{a}+\frac{1}{b}=\frac{1}{c}$,求证 $a^2+b^2+c^2=(a+b-c)^2$

分析:要证明 $a^2+b^2+c^2=(a+b-c)^2$ 成立,只需证 $a^2+b^2+c^2=a^2+b^2+c^2+2ab-2ac-2bc$ 成立,即只需证 $c(a+b)=ab$ 成立,只需证 $\frac{a+b}{ab}=\frac{1}{c}$,即只需证 $\frac{1}{a}+\frac{1}{b}=\frac{1}{c}$

∵ 已知 $\frac{1}{a}+\frac{1}{b}=\frac{1}{c}$,

∴ $a^2+b^2+c^2=(a+b-c)^2$

例2 设有关于 x 的二次函数 $y=x^2-2ax+(b+c)^2$，其中 a，b，c 分别是 △ABC 的三边的长，证明这个函数的图像与 x 轴不相交。

分析：欲证抛物线 $y = x^2 - 2ax + (b+c)^2$ 与 x 轴不相交，只需证明其判别式小于 0，即只需证

$4a^2 - 4(b+c)^2 < 0$，

只需证明 $(a+b+c)(a-b-c) < 0$，

由于 $a+b+c > 0$，因而只需证明 $a-b-c < 0$，

即只需证明 $b+c > a$，而这是显然成立的。

例3 如图 4-12 所示，在等腰 △ABC 中，P 是底边 BC 上任一点，PD⊥AB 于 D 点，PE⊥AC 于 E 点，CF⊥AB 于 F 点。求证：PD+PE=CF。

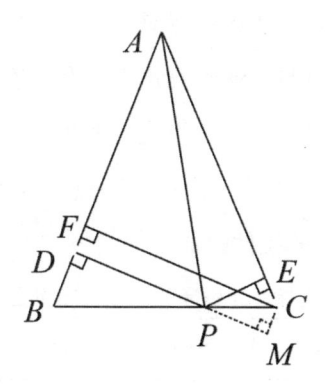

图 4-12

分析：欲证 PD+PE=CF，注意到在等腰 △ABC 中 AB = AC，故只须证明 $\frac{1}{2}AB \cdot PD + \frac{1}{2}AC \cdot PE = \frac{1}{2}AB \cdot CF$，

即只需证明 $S_{\triangle APB} + S_{\triangle APC} = S_{\triangle ABC}$，而这是显然成立的真命题。

∴ PD+PE=CF

（三）类比质疑

类比是产生疑问最直观的方法。类比法是根据两个或两类对象某些属性

91

的相同或相似，而推出它们的某种其他属性也相同或相似的思维形式，也称为类比推理。类比法是以比较为基础的，在对两个或两类对象的属性进行比较时，若发现它们有较多的相同点或相似点，则可以把其中一个或一类对象的另外一种属性推移到另一个或另一类对象中去。

例如，地球是太阳系的行星，地球上有空气、水和生物；火星也是太阳系的行星，火星上也有空气和水，于是人们推测火星上可能也有生物，这里的思维方法就是类比法。

但是类比推理的客观基础在于相似事物之间的同一性和稳定性，但任何两个相似事物之间不仅有同一性的一面，也必然存在差异性的一面。因而从两个或两类对象之间的某些属性的相同或相似，并不能必然地得出它们在其他方面也相同或相似的结论，这就会产生疑问，为什么会有这种差异？

如三角形的概念与四边形的概念进行对比——"由不在同一直线上的三条线段首尾顺次相接所组成的图形就叫三角形"和"在同一平面内，由不在同一直线上的四条线段首尾顺次相接所组成的图形就叫四边形"进行对比，很容易发现"在同一平面内"是两个概念的不同点，为什么会有这个不同呢？从而引出平面图形与立体图形的条件组成。

表 4-2　全国民航运输线路长度 1994—1999 年的变化情况

年份	1994	1995	1996	1997	1998	1999
长度/万千米	104.56	112.90	116.65	142.50	150.58	152.22

小敏、小文和小亮根据上述数据，分别绘制了折线统计图，如图 4-13 所示，由此学生很容易质疑，为什么三个图给人的感觉各不相同？它们所表示的数据相同吗？

图 4-13

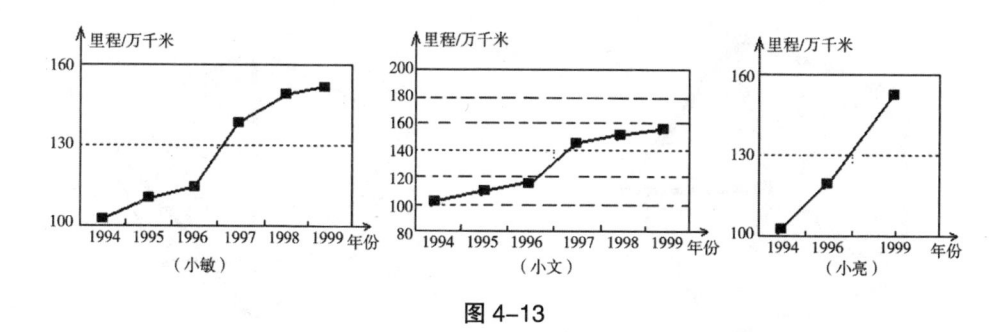

（四）一题多解质疑

解决问题的方法常常多元多维，当教师或同学展示一种解法时，学生会下意识地思考：是否还有其他的方法？还有没有更好的方法？展示的解法和我想的为什么不一样，我的想法错了吗？……这样的质疑会引出多元的碰撞，有助于拓宽学生的视野。

例如，《多边形内角和》第 1 课，图中广场中心的边缘是一个五边形（见图 4-14），求出它的内角和。通常的做法有三种，但是继续质疑方法的可能性，就又会出现后三种。两种的区别是分割五边形时，是都分割成三角形，还是分割成三角形和其他图形。

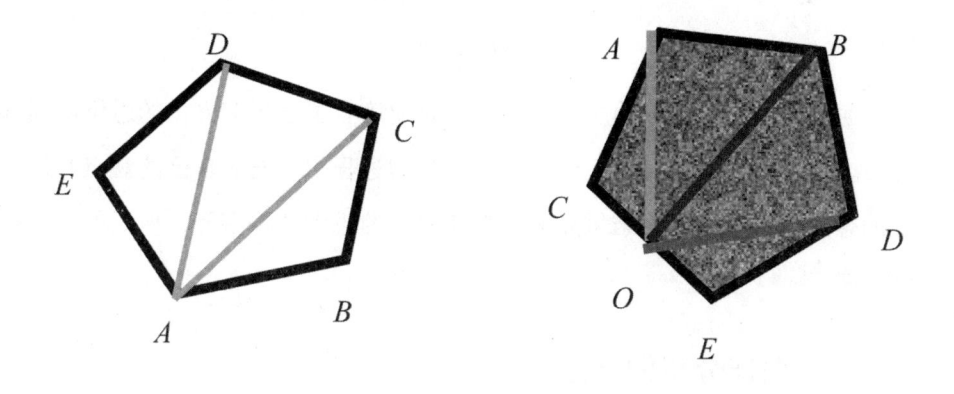

a

b

c d

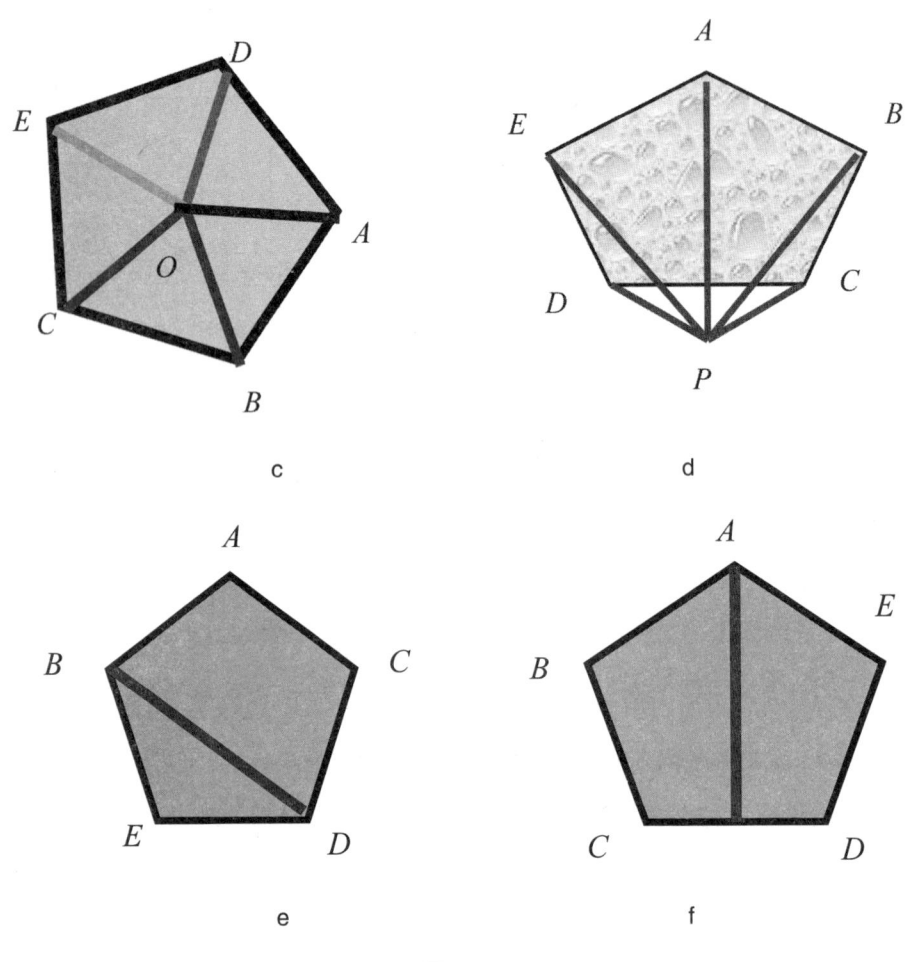

e f

图 4–14

通过这种一题多解的质疑训练，有效地培养了学生多方位的思维习惯和能力。同时同学在针对别人做法提出疑问的过程中，发表自己的观点和最真实的想法，不管最后的结果如何，都使单一的思考变得多元，质疑的维度得到扩展。

二、循证分析的方法

循证分析（evidence based analysis）本意是"基于证据的实践"，它要求我们持怀疑的态度，质疑已有的知识和观点，确定关键问题并通过实践论证其正确与否，这是一种科学态度，也是一种用证据验证猜想的行为。

循证分析的前提是基于已有信息的论断或假设,其次是对假设进行的自我验证。

(一)假设生成

"假设生成"是在我们质疑某些问题,但又根据已有信息无法做出解答的过程中生成的一种方法。"假设生成"类似于数学中的不完全归纳法,即根据已有信息所做出的进一步推测和猜想,属于似真推理,其归纳猜想的正误需要进一步做出判断。

例如,法国数学家费尔马注意到 $F_0=2^{2^0}+1=3$,$F_1=2^{2^1}+1=5$,$F_2=2^{2^2}+1=17$,$F_3=2^{2^3}+1=257$,$F_4=2^{2^4}+1=65537$ 都是素数,于是在1664年提出归纳猜想:"$F_n=2^{2^n}+1$ 为素数。"半个世纪后,欧拉发现 $F_5=4292967297=641×6700417$ 并不是素数,于是费尔马猜想被否定。

虽然,假设生成是依据少量经验事实而做出的关于普遍规律的猜想或假设,可能有谬误,但是它含着丰富的个人想象、审辩判断和直觉判断。这些不仅推动着审辩思维教学的发展,同时也是激发新思考、新发现、新结论的重要方法之一。

教师在建立假设的过程中应允许学生异想天开,大胆猜想,并不断地引导学生的直觉思维和创新思维,形成自己对事物的独特见解和看法。因此,在教学过程中,教师要善于有意识地对学生进行假设推理分析训练,以培养学生的思维能力。

科学探究要遵循"提出问题、做出假设、制订计划、实施计划、得出结论、表达交流"的过程。

例如,在讲《二次函数的图象与性质》时,当在画 $y=x^2$ 的图象时,教师设置了如下的问题:观察 $y=x^2$ 的表达式,选择适当的 x 值,并计算相应的 y 值,完成下表4-3,然后猜想一下这个二次函数的图象的形状,并验证自己的猜想。

表 4-3　$y=x^2$ 中 y 与 x 的对应值

x	…	–3	–2	–1	0	1	2	3	…
$y=x^2$	…	9	4	1	0	1	4	9	…

在这里，教师不是先让学生逐步画出图像，而是让学生先猜想图像的形状。即通过直觉思维和个性思考形成合理的假设，然后再进行验证，这样有利于培养学生的解构建构的能力。

假设是一种科学研究方法，是具有引领性的研究要素，许多伟大的科学发现都是从假设开始的。假设的产生来源于思维的解剖，而假设也能够引领思维逐步深入，在不同的学科中，对于假设的关注与付诸实施是我们的成果之一。

（二）自我验证

验证是"问题—假设—验证—结论"这一过程中不可或缺的环节。验证就是学生通过亲自动手做实验，对实验的结果进行观察比较，以此来检查自己的假设是否正确的过程。验证是学生获得真知、解决问题的关键。验证更是学生运用所学的知识技能，亲自去寻找答案的过程，它是培养学生各种能力的有效手段。

所以，在验证的过程中，教师要想方设法，注意培养学生的观察能力、动手能力和比较能力，还要注意培养学生的科学精神与素养。对有些学生不能独立解决的问题教师要及时给予点拨，激活学生思路的中断点，引导学生克服思维定式，寻找解决问题的方法。

1. 引导学生树立验证的意识

要培养学生的验证技能，首先要教师转变观念，创设验证的教学氛围。在课堂中打消怕挤占课堂教学时间、怕打乱教学计划的顾虑，让他们有进行验证的时间和空间。在课堂教学中，对于学生回答错误的问题，不要轻易下结论，而是要让学生说出这么做的原因，启发学生自己纠正，或是由其他的同学来纠正，这无形中就是培养学生做完题后或解决一个思维难题后要及时验证，检查对误。

在学习八年级上学期数学《鸡兔同笼》时，一位同学板演解方程组得出鸡共有 $21\frac{3}{5}$ 只，兔 $13\frac{2}{5}$ 只，教师适时地提问：同学们认为他的解答正确吗？这时大部分学生就开始把列出的二元一次方程组又解了一遍，发现了解的错误。面对这种情况，教师给予了启发："同学们能不能不用解方程组来验证解的正确性呢？"学生转换了思维，很快就发现了"鸡、兔的只数不能为分数"，对解的合理性有了较深的认识。教师再次引导学生拓展思维，培养学生的验证技能："同学们还能不能用其他方法验证呢？"学生很快又找出了其他多种方法：代入结果验证法，通过"头"验证"腿"的方法……

2. 鼓励学生多种途径验证

由于学生生活背景和思考角度不同，所使用的方法必然是多样的，教师应尊重学生的想法，鼓励学生对同样的学习内容有不同的学习理解方式和验证方式。有的学生喜欢演算验证，有的学生喜欢目算验证，有的喜欢冥想验证，如果让学生在这其中进行合作、交流验证方法，既能兼顾个人的验证习惯，又能让他们学到与人共处、共享成功的喜悦，分担其中的失败和挫折，进而使他们养成良好的心理素质，实现让每个学生都能得到不同发展的目标，则正是一举两得。

在学习《勾股定理》一章时，教师可以对勾股定理的历史进行介绍：1940年出版一本名为《毕达哥拉斯命题》的勾股定理的证明专辑，其中收集了367种不同的证明方法。实际上还不止于此，有资料表明，关于勾股定理的证明方法已有500余种。同时可以介绍我国清末数学家华蘅芳的证法以及伽菲尔德证明勾股定理的故事激发学生验证的兴趣。然后，鼓励学生去验证，可以是个人验证，也可以是小组合作验证，相信学生一定会给出令人惊叹的验证方法。

教师应努力使验证贯彻于整个学习过程中，特别是在学习过程中努力使验证成为学生学习的一种技能、方法，让学生乐于验证、善于验证，为他们的学习插上飞翔的翅膀。

三、辩论研讨的方法

辩论作为自古就存在的重要的学习方式，其不是为了争辩而辩论，而是为了更好地明"理"，"理"就是逻辑，逻辑是指思维的规律，它往往没有统一的标准，因此研讨就是将各自的标准进行协商和融合。

辩论研讨是审辩式思维教学中的重要组成部分，当学生产生自己的疑问和个性思考后，辩论研讨就成为融合和重建命题的动场。

辩论研讨是通过辩论进行主题探讨的教学活动，它与常见的课堂讨论不同：讨论往往是较为松散的思考活动，而辩论则是有组织的、在规则引导下的研究型活动；讨论可以是头脑风暴式的，允许参与者碎片化的表达并试图将所有讨论碎片进行整合；而辩论则要求参与者在已有的系统化研究基础上进行结构性表达，并实现对问题或事物的更全面深入认知；讨论往往是你一言我一语的发散式；而辩论却要求每位辩手都严格围绕问题论述，每次引申都需要回归题目，是典型的聚焦式；讨论一般没有明确要求，因为无法对参与讨论者的逻辑思维能力设置门槛；而辩论却有着严谨缜密的逻辑要求，对于逻辑思维能力较差的学生则需要更多的时间进行研究准备，对所有参与者是有挑战性的思维锻炼。

因此，辩论研讨在教学中能够突破单一的定式思维，在互动与激辩中，单位时间内信息量以最多视角最大化地碰撞，使思维在师生共同建构中得以极大地丰富，真正让审辩思考多种多样、多彩多姿。鉴于此，教师在辩论研讨环节进行教学时，必须掌握以下要点：

（一）选题

好的主题是辩论研讨的基石。一般来说，可以采用教师给出的题目或题库，以及让学生自选自拟两种方式。给定选题的方式学生会经历两个阶段的初期探索，即"研究辩题—接受挑战、拓展认知"；而让学生自选自拟题目则会经历三个阶段的初期探索，即"寻找主题与确定辩题—研究辩题—接受挑战、拓展认知"。选题的过程本身就是一个前期研究的过程，学生需要初步进行信息检索和知识整合来判断自己和团队能否在某个选题中进行深入研究。

在具体选题时，通常设计一个具有争议性的题目。引导学生把相关知识融入课堂教学中，增强研讨性和互动性，增强学生参与度。

在研讨时，可以针对同一个问题的两个主流研究视角进行研讨，旨在让学生通过不同视角的深入更全面理解多元视角下的问题，如一个问题两种解决方案的争论，或一个话题引发两个问题争论，即由一个主题带来两个完全不同的问题，从而让学生更深入理解千差万别的问题的成因，理解多样性的世界为何形成及形成的后果等。

例如，教室的黑板（见图4-15）长2.8米、宽1.4米，外面镶了宽20厘米的木框，则木框内侧、外侧分别组成的两个四边形形状是否相似？

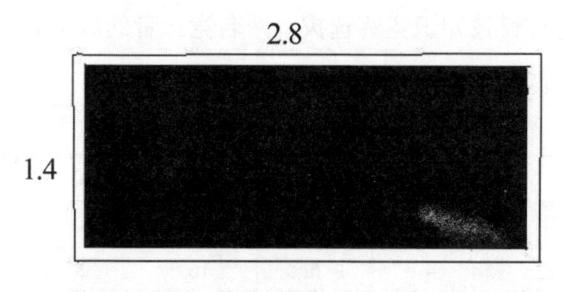

图 4-15

有些同学认为形状相似，有些同学认为形状不同，由此选出正反两个辩题，请同学们进行深度辩论。

（二）分析

确保辩论式研讨教学质量的另一重要步骤是分析到位、有理有据。为此，有一些基础的分析模式可以引领学生对辩题的深入思考，并通过教师带领学生做分析训练，给高水平的辩论研讨打下基础。

分析训练中的最简分析框架是让学生通过挖掘材料迅速理解辩题，为下一步的完整辨析提供支撑，避免各类研究损耗，让学生更有效地发挥自己的探索力和创造力。教师可根据自己的学科或课程需要来建构分析框架，用于规范性训练。

数学的分析框架为：

第一步：课前准备——提前一周将论证课题布置给小组长，由小组长带领组员进行论证板块的分工、研究和汇总。

第二步：课堂展示——由某一小组代表按图尔敏模型的构成，依次进行"主张→审辩（质疑及解释）→新主张"的展示。

第三步：审辩互证——听众对论题中的"理由""保证""论据""支持"中的内容提出疑问，然后由展示小组进行解释或反驳，这种"质疑+反驳"的链条可以循环多次，直至疑问解除。

第四步：论述新主张——在多次"质疑+反驳"的基础上，由展示小组对结论进行更客观、更科学、更严谨的描述。

如某班进行科技知识竞赛选拔，两名竞选者的成绩如表4-4所示，如果选一名学生代表班级参加比赛，你会选哪位同学？

表4-4 两名竞争者的成绩

分数/分		50	60	70	80	90	100
次数/次	甲	2	13	8	10	11	6
	乙	4	5	16	2	12	12

对于这个问题，学生很容易形成两种选项，从而形成正反方，然后进行课堂辩论，互证研讨。由于本题没有标准答案，如从众数看，甲为60分，乙为70分，乙的成绩较好，选乙；从中位数看，甲的中位数是80分，乙的中位数是75分，甲的总成绩较好，选甲；从总平均数看，甲的平均分76.6分，乙的平均分80分，乙的成绩较好，选乙；从方差看，$s^2_甲 < s^2_乙$，所以甲成绩比乙成绩要均衡，甲较稳定，选甲；从高分人数看，甲高于90分的次数为11+6=17（次），乙高于90分的次数为12+12=24（次），所以乙获奖次数比甲获奖次数多，同时乙获得满分的次数比甲多6次，所以选乙。

在反复进行该框架的分析训练中，学生能够养成对问题进行充分科学论证的思维习惯，也能培育透过现象看本质的分析能力。学生通常具备在思维广度上自由联想的能力，但是由于知识结构和思维习惯等原因，很难向深度迈进。通过上述方式建立简单的分析框架、进行分析模式化练习，能有效帮助学生突破初接触研究时最难穿越的深度解析这一瓶颈。

四、应用拓展的方法

学以致用，学是为了更好地用。在教学中，要注意应用拓展策略。应用拓展策略要把握原则，紧密联系，发散联想，类比归纳，开阔视野，深化理解，学以致用，注重实效，"拓"而有度，着眼于使学生获得实质性的发展，使学生的思维向纵深发展，切实培养学生的思维能力。在教学中，可实现由课内向课外拓展、新旧知识间的拓展、学科间的拓展、向生活拓展。

（一）课内拓展

可以把重点的例题通过改变条件、结论、图形或考查方式，进行变式训练，培养学生的求异思维，使学生能够举一反三，把握知识的本质内涵。

例1　已知，如图4-16，$AB \parallel CD$，你能说出$\angle B$、$\angle D$、$\angle E$三个角的关系吗？

分析：在平行线与相交线一章，我们学习了三线八角，学会了利用同位角、内错角、同旁内角解决问题。在本题中，我们不能找到平行中的这三种角，那么我们能不能通过添加一条辅助线帮助我们找到这些角呢？

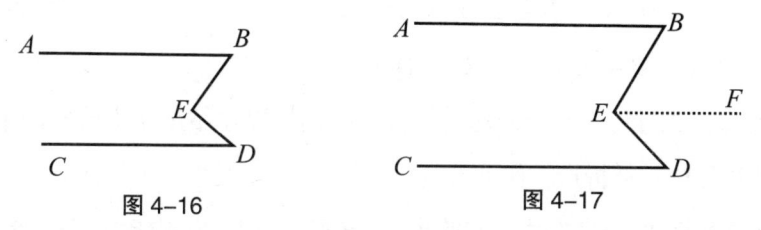

图 4-16

图 4-17

解法：如图4-17，作$EF \parallel AB$因为$EF \parallel AB$，所以$\angle B = \angle BEF$，因为$EF \parallel AB$，$AB \parallel CD$，所以$EF \parallel CD$，所以$\angle D = \angle DEF$，所以$\angle B + \angle D = \angle BEF + \angle DEF = \angle BED$。

变式1，图形变化，在动态中寻找不变性。改变点E的位置，我们还能得到哪些图形？上面的结论还成立吗？分别说出图4-18中8个图形中，

∠B、∠D、∠E 三个角的关系，并总结出解决这类题的方法。

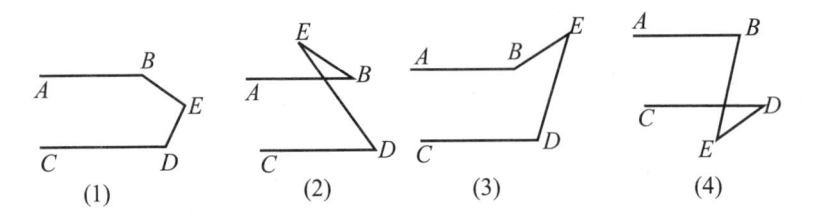

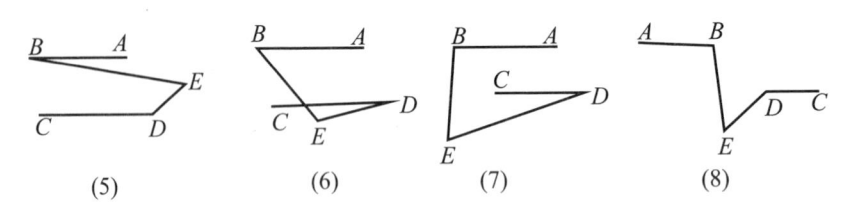

（1）　　　（2）　　　（3）　　　（4）

（5）　　　（6）　　　（7）　　　（8）

图 4-18

答案：（1）$\angle B + \angle D + \angle E = 360°$；

（2）$\angle B + \angle E = \angle D$；

（3）$\angle D + \angle E = \angle B$；

（4）$\angle D + \angle E = \angle B$；

（5）$\angle D + \angle E - \angle B = 180°$；

（6）$\angle D + \angle E + \angle B = 180°$；

（7）$\angle D + \angle E + \angle B = 180°$；

（8）$\angle B + \angle D - \angle E = 180°$。

题后反思。通过以上 9 个问题的探究，我们可以总结出初中阶段的第一条辅助线的添加法：见折点，作平行线。

变式 2 图形叠加，在复杂中寻找简单，培养观察能力、发现能力、创新能力。

已知，如图 4-19 中（9）所示，$AB \mathbin{/\mkern-6mu/} CD$，你能说出 ∠B、∠E、∠F、∠G、∠D 五个角的关系吗？如图 4-19 中（10）所示，你能说出 ∠B、∠E、∠F、∠G、∠H、∠M、∠D 七个角的关系吗？你能总结出一般规律吗？

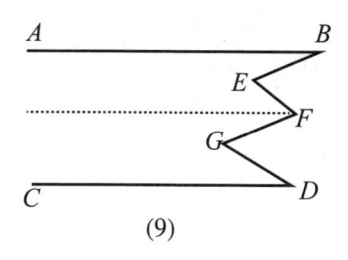

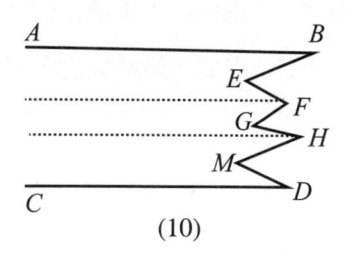

<<< 第四章 审辩式思维在教学中的实施方略

图 4-19

答案：$\angle B + \angle F + \angle D = \angle E + \angle G$；

$\angle B + \angle F + \angle H + \angle D = \angle E + \angle G + \angle M$

变式 3 适当交换条件与结论，寻找逆命题，培养学生从多角度、多层次思考问题的习惯以及逆向思维的能力。

如：已知，如图 4-20 中图 11 所示，$\angle B = 30°$、$\angle D = 60°$、$BE \perp DE$，那么 $AB \parallel CD$ 吗？请说明理由。

答案：平行，理由略。

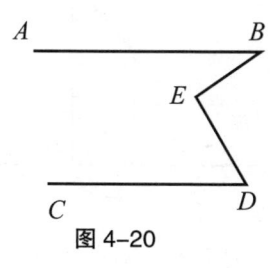

图 4-20

（二）向生活拓展

学习就是为了更好地生活，因此要把所学的知识运用到生活中去，比如，学生学习了统计知识以后，就可以安排学生统计生活中的各种数据，以便服务于生活，如污染问题、交通问题、旅游问题、节水问题等，不仅扩展了学生的知识面，还有效培养了学生收集数据、整理数据的能力，根据相关数据提出解决问题的方案。

例 2 如图 4-21 中所示，要在街道旁修建一个奶站，向居民区 A、B 提供牛奶，奶站应建在什么地方，才能使从 A、B 到它的距离之和最短？

103

解答：如图4-22所示，作 A 点关于街道 l 的轴对称点 A'，连接 $A'B$ 与街道 l 交于点 C。奶站应建在 C 点，才能使从 A、B 到它的距离之和最短。

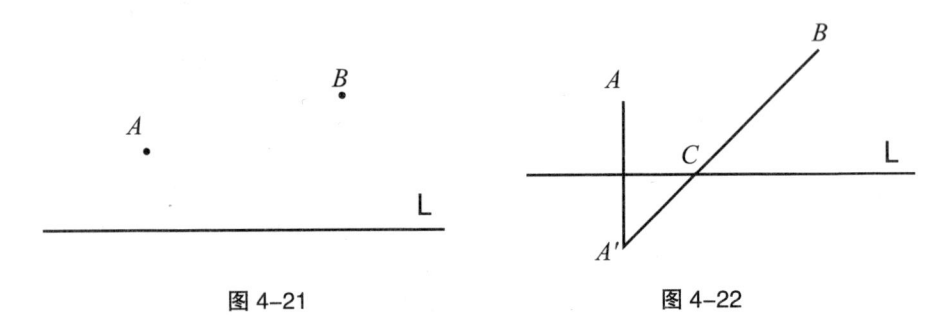

图 4-21

图 4-22

拓展应用：如图4-23所示，A、B 是一条河 L 同侧的两个村庄，且 A、B 两个村庄到河的距离分别是300m、500m，两村庄之间的距离 AB 为 d。知 $d^2 = \sqrt{400000}$，$d = 200$m，现要在河 L 边上建造一水厂，向 A、B 两村送水，铺设水管的工程费用为每米200元，修建该工程至少需要多少元钱？

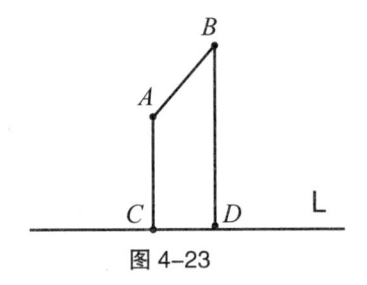

图 4-23

错误应用：作 A 点关于河 L 的轴对称点 A'，连接 $A'B$ 与河 L 交于点 O，连接 AO、AA'、作 $AE \perp BD$ 于 E，$A'F \perp BD$ 交 BD 的延长线于点 F，根据题意得：

$AE = \sqrt{AB^2 - BE^2} = \sqrt{400000 - 40000} = 600$，所以 $A'F = 600$，

$A'B = \sqrt{A'F^2 + BF^2} = \sqrt{360000 + 640000} = 1000$，所以 $AO + BO = 1000$ 米，所以最少费用为：$1000 \times 200 = 200000$（元）

错解分析：此题也是受以往经验影响，认为必须作对称点铺设的水管才最短，形成了思维定式，其实课本要求的是 $AC+BC$ 最小，而本题没有这一要求。若我们在点 C 处建水厂，沿 $C-A-B$ 的路线铺设水管，同样可以向两村送水，

而此时的水管长度为：$AC+AB$=300+$\sqrt{400000}$ ≈ 933（米），此时的费用为：$933\times 200 = 186600$（元），显然这是最好的方案。

深度研讨：对于上述类型的问题，到底采用哪种方案呢？

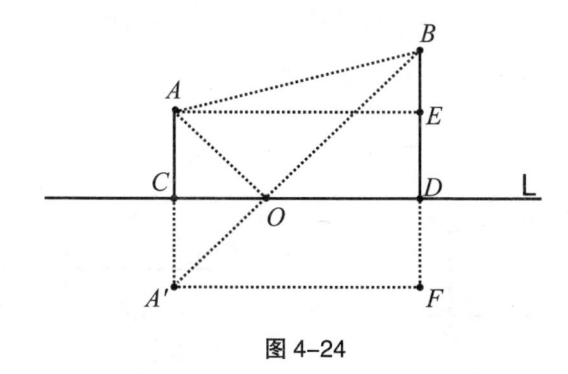

图 4-24

如图 4-24 所示，我们不妨设 $AC=a$，$BC=b$，$AB=d$，$a<b$，此时方案一是 $AO+BO = A'O+BO = A'B = \sqrt{A'F^2+BF^2} = \sqrt{d^2-(b-a)^2+(b+a)^2} = \sqrt{d^2+4ab}$

方案二是 $AC + AB = a + d$，我们只要比较 $a+d$ 和的大小就可以了。

分类研讨：我们把它们先平方再求差得：

$(\sqrt{d^2+4ab})^2 - (a+d)^2 = 4ab - a^2 - 2ad = a(4b-a-2d)$

因为 $a>0$，所以只要考虑 $4b-a-2d$ 即可。

当 $4b-a-2d>0$ 时，即 $\sqrt{d^2+4ab}>a+d$，我们选择沿 $C-A-B$ 的路线铺设水管，此时的水管长度为：$AC+AB = a+d$；

当 $4b-a-2d = 0$ 即 $\sqrt{d^2+4ab} = a+d$ 时，两种铺设方案都可以，水管长度为 $a+d$；

当 $4b-a-2d<0$ 即 $\sqrt{d^2+4ab}<a+d$ 时，我们选择作对称点的方法，水管长度为 $\sqrt{d^2+4ab}$。

再次应用：在一平直河岸 L 同侧有 A、B 两个村庄，A、B 到 L 的距离分别是 3km 和 2km，$AB=a$km（$a>1$）。现计划在河岸 L 上建一抽水站 P，用输水管向两个村庄供水。

方案设计：

某班数学兴趣小组设计了两种铺设管道方案：图4-25是方案一的示意图，设该方案中管道长度为d_1，且$d_1=PB+BA$（km）（其中$BP \perp L$于点P）；图4-26是方案二的示意图，设该方案中管道长度为d_2，且$d_2=PA+PB$（km）（其中点A'与点A关于L对称，$A'B$与L交于点P）。

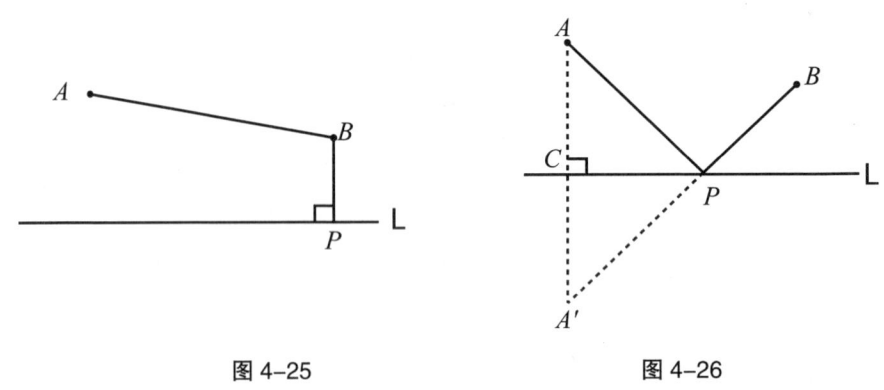

图 4-25　　　　　　图 4-26

观察计算：

（1）在方案一中，d_1_____=km（用含a的式子表示）；

（2）在方案二中，组长小宇为了计算d_2的长，作了如图4-27所示的辅助线，请你按小宇同学的思路计算，d_2_____=km（用含a的式子表示）。

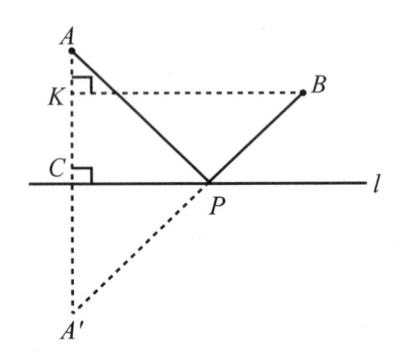

图 4-27

探索归纳：

（1）①当$a=4$时，比较大小：d_1_____d_2（填">"，"="或"<"）；

②当$a=6$时，比较大小d_1_____d_2（填">"，"="或"<"）；

> **方法指导**
>
> 当不易直接比较两个正数 m 与 n 的大小时，可以对它们的平方进行比较：
>
> $\because m^2-n^2=(m+n)(m-n)$，$m+n>0$,
>
> $\therefore$（m^2-n^2）与（$m-n$）的符号相同。
>
> 当 $m^2-n^2>0$ 时，$m-n>0$，即 $m>n$；
>
> 当 $m^2-n^2=0$ 时，$m-n=0$，即 $m=n$；
>
> 当 $m^2-n^2<0$ 时，$m-n<0$，即 $m<n$。

（2）请你参考上边方框中的方法指导，就 a（当 $a>1$ 时）的所有取值情况进行分析，要使铺设的管道长度较短，应选择方案一还是方案二？

（三）学科间的拓展

在学习中，要注意培养学生的综合实践能力，注重学科间的拓展，比如，数理化之间的拓展，文学与音乐艺术的拓展，特别是对于一些综合学科之间的迁移、渗透等，都要首先打破学科视界，形成广泛的交融与共享信息。

以数学学科为例，《课程标准》在教材编写建议中特别强调"所选择的素材应尽量来源于自然、社会与科学中的现象和实际问题"，因此，以其他学科为素材的跨学科试题成为近几年数学中考命题的热点。常见类型有：与物理、化学、生物、地理、体育、电脑、语文等学科进行综合的问题，或以这些学科为命题背景，或以相关学科的知识为载体，形式多样，多在学科知识点交叉处设计。解答时，要将相关学科的知识与数学知识加以综合，灵活运用。

1. 与物理相结合的题

与物理知识相关的题型在近几年各地中考试题中经常出现，体现了数学的"工具性"作用。

解决与物理相结合的题，要对物理学科的有关知识相当熟悉，如果不熟悉很难解决问题。这就告诉我们要掌握某一学科知识，单纯学好一门知识是不够了，因为学科之间的知识是相互渗透的。

2. 与化学相结合的题

与化学知识相关的题型比较多，主要考查学生应用化学知识解决实际问题的能力。

解决与化学知识相结合的题，要理解化学学科中的浓度、溶液、溶质、溶剂的概念，同时要掌握浓度、溶液、溶质、溶剂之间的关系。

3. 与英语相结合的题

在数学试题中渗透用英语表述的数学题，这对于改革开放、促进同学们对英语学习的兴趣都有好处。解答这类试题，要抓住英语中的关键单词，要结合算式、方程或图形等进行推测理解，然后利用数学知识求解。

第五章

审辩式思维在教学中的实践案例

现代教学论认为，优化课堂教学过程、释放教学理念，既需要一个相对稳定的教学模式，又不能一成不变，因为在教学实践中，没有一种模式是能够适用于所有学生、所有老师、所有内容、所有学段的教学要求的，也没有一种课程可以完成对学生的全面培养。

第一节 建构教学模式群

审辩式思维教学是帮助学生在数学学习中建构一种科学理性的思考方式和思考习惯，它强调个性、推崇创新，特别是作为思维体操的数学，教学中常常会出现不可控、突发性、延展性、灵活性等契机，因此数学审辩式思维的教学更不能被单一的模式或样态所围困。

创设开放自由的教学天地让教师去探索、去实践、去体会审辩思维的建构之路，教师才会给学生建构不盲从、不执拗，客观认识世界和社会的空间，培养出具有理性、个性、创新性思维和能力的新时代人才。

在数学审辩式思维的教学中，由于学生新知识的学习都是由原有的认知结构出发，通过同化或顺应构建成新的认知结构，因此创设能激活学生质疑或疑惑的教学情景，这就是数学审辩式思维教学中的"根"；当学生根据初步感悟，提出解决问题的各种假定时，不管对错，这一过程都是数学审辩式思维教学中的"枝"；当教师根据学生的思维实际，因势利导，帮助学生克服认知上的障碍，和学生共同归纳出解决质疑中的规律、特性时，这个过程可称作数学审辩式思维教学中的"果"；最后教师精选适当的例题用以思维的巩固和延伸，这个过程就是数学审辩式思维教学中的"种"。

因此数学审辩式思维教学会在内容选择、教学方式、教学调控上给予教师更大的自由，在坚持"科学质疑、启迪创新、因材施教、思维对话"教学原则的基础上，鼓励教师开发出更具有学科特色、教师个性的形态各异、侧重有别的模式样态，这些样态组成数学审辩式思维的教学群，彰显了教学智慧、思维自主、教学自主与创新。

数学审辩式思维的教学模式群主要包括：以质疑驱动为中心的教学模式、以辩论研讨为中心的教学模式、以实践活动为中心的教学模式、以思维导图为中心的教学模式，以反思自省为中心的教学模式，以及以阅读探究为中心的教学模式。

其中质疑驱动式教学模式、辩论研讨式教学模式、阅读探究式教学模式、实践活动式教学模式是教学中经常采用的教学模式。

一、"QDL"——质疑驱动式教学模式

质疑驱动式教学，即"QDL"（question Driven learning）是以质疑为前提，释疑为主线，通过创设质疑情境、质疑研讨、质疑重建来帮助学生建立一种自主学习、主动探索的全新学习模式。

（一）"QDL"教学模式的理论基础

1. 认知学派的学习理论

认知学派的学习理论关注的是人类学习的内部心理过程，注重学习过程中内部心理结构、认知结构和图式的建构。例如，学生在数学问题的解答过程中，需要对问题情境进行知觉与理解，领悟各个条件之间以及条件与问题之间的关系，从而确定解题思路和方法。

（1）完形—顿悟说。

苛勒通过对"黑猩猩学习实验"的分析，得出完形—顿悟说的两个观点：一是学习是通过顿悟过程实现的；二是学习的实质是在主体内部构造完形。完形—顿悟说肯定了学生在学习过程中主体的能动作用，对反对机械地学习

具有重要意义。

(2) 认知发现说。

布鲁纳的认知发现说强调学习是认知结构的组织与重新组织，反对以强化为主的程序教学，学习的实质在于主动地形成认知结构，认知结构是人的认识活动赖以形成的心理结构，认为人类的学习是主动学习。布鲁纳认为，教学不仅应当使学生牢固地掌握科学知识，还要尽可能地使学生成为自主且自动的思想家，这样的学生在完成正规的学校教育之后，将会独立地向前迈进。

布鲁纳提出的"发现学习法"，倡导在问题解决的过程中，要使学生自己成为发现者，因此，教师的作用是向学生提供材料，帮助学生形成能够独立探究的情景，而不是提供现成的知识。

(3) 有意义接受说。

奥苏贝尔曾根据学习进行的方式把学习分成接受学习和发现学习，根据学习的材料和学习者原有认知结构的关系将学习分为机械学习和有意义学习。有意义学习理论认为，学校中的学习应该是有意义的接受学习和有意义的发现学习，且提出了有意义学习应具备的三个条件：一是学习材料本身必须具备逻辑意义；二是学习者必须具备有意义的学习心向；三是学习者认知结构中必须具有同化新知识的适当观念。

认知学派的观点为质疑驱动式教学中教师教案中的问题设计提供了理论基础和依据。教师在知识传授的初始阶段以激发疑惑或问题为主要形式，鼓励学生独立思考，建立与已有知识之间的联系，进而通过一连串的问题引导学生步步反思质疑，抑或引导学生提出更高水平的质疑问题，引起学生的学习心向，在强烈的求知欲的驱动下完成解疑，取得收获。

2. 人本主义的学习理论

人本主义心理学是20世纪60年代在美国兴起的新的心理学派，主要代表人物是马斯洛和罗杰斯，人本主义心理学在西方被称为心理学的第三种力量。

(1) 知情统一的教学目标。

人本主义心理学认为人的潜能是自我实现的，而不是教育的作用。因此他们认为，教育的作用只是提供一个安全、自由、充满人情味的心理环境，学生固有的潜能自动得以实现。罗杰斯的教育理想是培养"知情统一"的"完人"，将变化作为教育目标唯一的依据。

（2）有意义的自由学习环境。

人本主义心理学认为教学的目的在于促进学习，使学生在好奇心的驱使下去学习他所需要的知识，而非填鸭式地向学生灌输教材内容。罗杰斯认为，有意义学习是知识的增长与每个人各部分经验都融合在一起的学习，它有四个特征：全神贯注、自动自发、全面发展和自我评估。

（3）以学生为中心的教学观。

人本主义心理学的主要理论是"自我实现"论，所以罗杰斯在教育改革领域提出了"以学生为中心"的教学理论，并倡导"非指导性教学"。该理论认为，应当尊重学习者，把学习者视为学习活动的主体；重视学习者的意愿、情感、需要和价值观；相信正常的学习者都能自己指导自己，都具有"自我实现"的潜能，倡导教师应当担任"促进者"的角色，为学生提供各种学习资源，提供一种促进学习的气氛。

人本主义的学习理论为质疑驱动式教学中释疑、析疑的方式提供了可能。学生既可以根据自己的推断和目标自信满满地投入自我析疑的推理过程中，也可以和同学进行有目的的交流析疑。不管哪种方式，教师都应该相信，学生在质疑问题的驱动下，都能自己指导自己，按照自己的判断去探索析疑。

3. 建构主义学习论

（1）知识观。

建构主义理论认为，知识不是对现实的准确表征，只是一种假设或解释，并不是问题的最终答案。按照这种观点，课本中的知识也只是关于各种现象的假设，教师不能用课本的权威逼迫学生接受知识，学生只能靠自己的建构来完成知识的学习，凭借自己的经验来分析知识的合理性。

（2）学习观。

建构主义理论认为，知识不是教师向学生传递知识进行学习，而是来自于学生自己建构的结果。这意味着学生的学习是主动的,学生并不是被动地接受。学习过程是新旧经验之间双向作用的结果。

(3)学生观。

建构主义理论认为学习者对外部的理解是学习者自己积累建构的结果,而不是被动地接受别人呈现给他们的东西。当学习者对现实世界的原有观念和新的观察不一致时,原有观念失去平衡,随即产生创造新的规则和假设的需要。

根据以上观点,质疑正是发生在原有观念失去平衡的关键点处,教师在教学活动的设计过程中,要关注学生已有的认知观念,通过设计的问题,学生能够意识到原有认知已经不能解释现有问题,从而产生质疑,生出创造新的规则和假设的想法。同时,教学还要促进学生之间的交流、合作和不同观念的碰撞,让学生能够将原有的认知结构与新接收的信息(新知识)建立良好的联系,完成学习过程。

4. 元认知理论

元认知最初是美国心理学家弗拉维尔(John Hurley Flavell)在20世纪70年代提出的,其实质是对认知的认知。元认知包含三方面的内容:元认知知识、元认知体验和元认知监控。元认知对人的发展价值受到各方面专家的重视,教育学家也积极研究和探讨了元认知在教育活动中的作用。根据元认知理论的分析,数学元认知是个体元认知系统中的一个子系统,它与一般元认知既有共同之处(如元认知的调控过程、人对自己认知特征的认知等),也有不同的地方(如对数学总的看法,对数学特征的了解,对具体数学方法、具体数学思想、数学认知策略及其应用条件等方面知识的了解,对数学活动的具体的特殊的体验等)。

元认知理论在解决"教会学生如何学习",培养学生思维能力等方面具有十分重要的意义:教会学生分析在学习过程中影响自己数学思维的因素,总结反思自己的解题思路,及时反思数学学习的规律特点,对自己的学习过程和思维过程进行评价。

在数学质疑驱动式教学中，学生的元认知能力发挥着重要的作用，是学生进行有效质疑的基础。学生在质疑活动的最后环节进行质疑成果展示时，能够准确描述在析疑过程中解决问题的角度和运用的方法，能准确反思自己叙述的想法和得出的结论，元认知能力发挥着重要作用。

（二）"QDL"教学模式的操作说明

1. "QDL"教学模式的操作程序

第一步：激发质疑——教师提前发布学习任务和学习资源（包括视频、文件），学生自主学习和研讨，并将完成的任务单上交给教师。教师汇总学生上传的学习数据，形成学生对新知理解的首次认定，并据此制定出课堂质疑指导方案。

第二步：聚焦分享——学生在小组内进行质疑分享，通过组内互相研讨、修正，形成本组共识的认知理解。其间教师在课堂上巡视，对于产生中断的研讨予以指导，但不过多地解释或给予明确的结论。

第三步：辩论研讨——教师将各组仍存疑惑或新产生的质疑进行筛选，选出"切中知识要点和思维痛点的质疑"进行小组间的辩论和研讨，期间教师主导研讨的方向和节奏，最终完成认知的精准建构和审辩式思维的自主体验。

第四步：释疑新建——教师从新知同化和思维提升两个方面对学生的课堂表现和认知拓展进行点评，不仅要鼓励研讨中学生的多思善疑、创新思考的行为，更要对质疑背后的根源进行深刻的剖析和延展，构建系统、严谨、深刻的新知体系和思维体系。

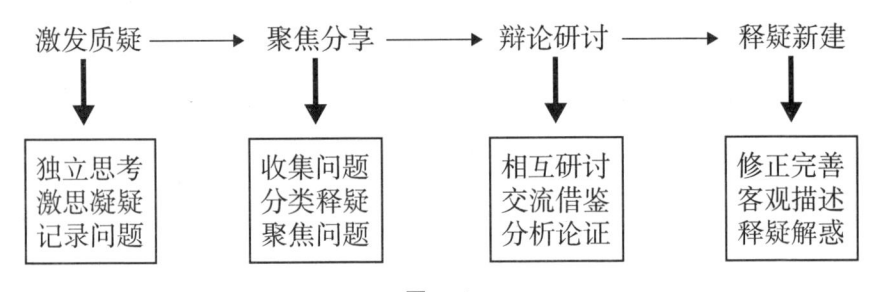

```
激发质疑 ——→ 聚焦分享 ——→ 辩论研讨 ——→ 释疑新建
   ↓              ↓              ↓              ↓
独立思考       收集问题       相互研讨       修正完善
激思凝疑       分类释疑       交流借鉴       客观描述
记录问题       聚焦问题       分析论证       释疑解惑
```

图 5-1

2. "QDL"教学模式的操作说明

（1）质疑驱动式教学的关键——激活质疑。

质疑是"QDL"教学的种子，它的优质和活力是"QDL"教学的关键。面对一个新命题，学生的质疑多产生于以下三个方面：

第一，"是什么"产生的质疑：对命题的界定不清晰或有了自己的臆断，如认为函数是一个数，矩形就是长方形等，都是界定不清晰造成的混淆和疑惑。

第二，"为什么"产生的质疑：对命题的论证不理解或有自己的理解，如"负负得正""移形换位"等方法经常成为论证过程中的困顿与不解。

第三，"怎么用"产生的质疑：对命题运用不熟识或有了创新的构想，如统计图的选择，最大面积的设计等因存有学生自我的思考而质疑不断。

因此，在课前准备环节，教师除了提供不同临近情境下的学习材料，让学生在比较和探究中自然生疑，还要在任务单中引导学生将质疑的内容、归类、依据、重构等表述出来。

（2）质疑驱动式教学的保证——教师精准指导。

教师的精准指导是整个质疑活动质量的保证。

在学生进行组内分享和组间质疑时，教师应进行较少的指导和投入，观察学生动态，在需要时做出引导，保证讨论顺利进行，使小组能够更独立地进行讨论（例如，为讨论提供新的方向，提出问题等）。

在学生集体讨论遇到困难或徘徊在较低层级时，教师要第一时间站出来，站在学生的角度，描述问题的来龙去脉，层层剥离，挖掘背后的知识漏洞或方法僵化，提升认知和思维的深度和广度。

在教师进行总结点评时，要围绕与本课主题、重点和难点内容密切的质疑和创新进行概括并提纲挈领，系统建构知识体系，提升审辩思维意识。

例如，学生质疑"字母表示数"的意义，教师点评时除了需要说明"字母表示数可以简洁地表达数量之间的关系"的作用外，更要指出"字母表示数"将数学从"不变"带到了"变化"的世界，对于变化的世界是如何变化的等一系列规律,我们既可以用表示数的字母探究,也可以用表示数的字母表达,从而更好地为人类服务。这样的总结不仅将初中的代数做了整体推进,更为思维的延展和审辩预留了空间。

(3)质疑驱动式教学的成果——质疑重建。

重建是审辩的成果,每一个质疑都应该有重建的产出,这是质疑持久的载体,也是质疑兴趣绵延的保证。很多课上没有被研讨的质疑,可以放到线下继续进行。

例如,学生质疑命题"应用题的解决,列方程比列算式更方便",教师就可以在线上发起辩论赛,通过线上相互质疑、协商、研讨,得到最终的结论:"方程因字母代替未知数参与运算,所以对于应用题中数量关系的表达会更简便,方程也被称为解决实际问题的基本模型,但是对于未知数不参与运算的应用题,列算式也不失为一种好方法"。

(三)"QDL"教学模式的案例分享

1. 案例背景

本案例的课题是《函数的概念》,选自八年级下册人教版《函数》第一章第1课时。函数概念是中学数学的核心知识,是学习函数性质、函数建模等知识的认知基础,因为比较抽象,所以被称为最难理解的初中数学概念。

2. 教学实施

(1)激发质疑:教师提前发布学习资料,包括5分钟微课视频,569字的函数拓展应用的word材料和一张有8个选择题的学习任务单(如图5-2所示)。学生在观看视频并阅读材料后,要将任务单上的任务完成并上传给教师。教师汇总任务单中的数据,得到学生对函数的首次认知和思维情况,形成课堂教学的指导方案。

任务单☆

《函数的概念》任务单

一、我能描述函数的概念：

如果_____那么就称y是x的函数，其中x是自变量，y是因变量.

 1.你认为两个变量为函数关系，应满足几个条件？
  A.2个 B.3个 C.其他
 2.你认为因变量和自变量在函数中可以互换吗？
  A.可以 B.不可以 C.视情况而定

二、我能判断函数关系：

 3.汽车以40km/h的速度匀速行驶，则行驶的时间t（单位：h）与行驶的路程s（单位：km）之间是否为函数关系？
  A.是 B.不是 C.不确定
 4.圆的半径r与圆的面积s是否为函数关系？
  A.是 B.不是 C.不确定

三、我理解的函数：

 5.函数关系中每一个确定的x值、y值必须不一样吗？
  A.是 B.不是 C.不确定
 6.若y是x的函数，y与x之间的变化必须有一定规律吗？
  A.是 B.不是 C.不确定

四、我独创的函数

 7.清代数学家李善兰在《代数学》中首次将"function"翻译为"函数"，你有新的译法吗？
  A.有 B.没有 C.不确定
 8.你最想在哪个领域的两个变量之间建立函数关系？
  A.财富 B.健康 C.学习

图 5-2

教师将本班34名同学的线上学习情况进行汇总，得到如下汇总表（表5-1）：

表5-1 线上学习情况汇总

	视频	阅读材料	任务单
完成	34	34	34
未完成	0	0	0
合计	34	34	34

分析①：根据表 5-1 中的数据，所有学生均按时完成线上学习任务并上传，说明学生具有基本的自学能力，可以自主安排时间完成线上学习，这是线上线下学习融合的基础。

表 5-2　学生的思维水平统计

题号	内容	正确	错误	不确定	思维水平
1	函数概念的基本条件	21%	29%	50%	理解
2	"自变量、因变量"从属关系的理解	18%	22%	60%	熟识
3	"对应关系"的具体判断	78%	15%	7%	理解
4	"自变量、因变量"从属关系的判断	15%	15%	70%	熟识
5	"因变量"取值条件的理解（1）	15%	10%	75%	熟识
6	"因变量"取值条件的理解（2）	8%	12%	80%	熟识
7	"函数"的译名	2%	3%	95%	创新
8	"函数"的应用	8%	2%	90%	创新
合计		15.6	11.1	73.3	

分析②：表 5-2 显示在任务单中的 8 个问题，学生能够确定下来"正确或错误"的题目只占 15.6% 和 11.1%，有 73.3% 的题目学生是不能确定其真假的，说明函数概念的质疑意识被激活。

分析③：表 5-2 显示学生的思维水平在自学阶段呈现出"两极现象"，50% 的题目停留在熟识这种较低的层级上，25% 的题目处于较高层级，学生被激发出较高的创新思维，但"分析""评价"这种较高的思维层级并没有被激活。

分析④：根据线上汇总的学习数据，可以发现学生在《函数概念》中，质疑的程度从高到低的问题，以及学生目前的思维层次依次是：函数中的"函"是否能表达清楚函数的内涵（创新层级）；函数在哪些应用最有价值（创新）；函数中的两个变量间的对应关系是否要有规律（熟识）；因变量的取值是否可以相等（熟识）；因变量和自变量的位置是否可以互换（熟识）；函数关系的唯一性、存在性如何理解（理解）；函数关系在具体情境中的理解（理解）。

根据以上分析，课堂质疑研讨方案可以进行如下设计：

课堂中的《组内质疑分享》环节，可以将质疑较小的题目通过分享研讨达成共识；课堂中的《组间质疑辩论》环节，可以对争议较大的问题进行辩论和修正。

（2）聚焦分享：学生在组内分享、研讨函数概念以及对任务单中题目的理解，最终达成共识，并将新的任务单上传给教师，其间，教师在课堂上巡视，对于产生中断的研讨予以指导，但不会过多地解释或给予明确的结论，同时对各小组提交的任务单进行再次汇总和分析，确定《组间质疑辩论》的内容和方案。

表 5-3 学生的思维水平第二次统计

题号	内容	正确	错误	不确定	思维水平
1	函数概念的基本条件	100%	0	30%	评价
2	"自变量、因变量"从属关系的理解	60%	10%	30%	分析
3	"对应关系"的具体判断	98%	0	2%	评价
4	"自变量、因变量"从属关系的判断	44%	8%	48%	分析
5	"因变量"取值条件的理解（1）	50%	5%	45%	理解
6	"因变量"取值条件的理解（2）	38%	10%	52%	熟识
7	"函数"的译名	42%	15%	43%	创新
8	"函数"的应用	29%	21%	50%	创新
合计		53.9%	8.6%	37.5%	

对第二次汇总的数据表（表 5-3）进行分析后，发现了如下变化：

变化①：所有问题的质疑率都降低了，下降 35.8%。同时有 62.5% 的问题在组内分享时都有了明确的答案，而且答案正确率高达 53.9%，说明通过组内分享和研讨，可以解决自学中的大部分疑问。

变化②：思维层级获得了提升。和第一次 50% 的熟识层级相比，本次研讨后的思维层级一般都达到理解，甚至是分析、评判级别，说明质疑分享是解决低层质疑的有效途径。

变化③：组内分享研讨后，各组共同存在的质疑主要集中在最后三个问题上，由于各小组的理解和侧重角度不同，所以课堂必须进入"组间质疑辩论"环节，通过组间辩论推进更深层次的碰撞和理解。

（3）辩论研讨：各小组充分发表对第6、7、8题的理解、质疑和重构，进行组间辩论，最终形成疑问三题的共解。教师适时点评，保证辩论的方向和节奏。

辩论①：对于第6题，各组普遍认同的是"函数是在两个变量之间建立一对一或多对一的对应关系"，这种对应关系可以存在规律，也可以不存在规律，只要有唯一的值对应即可，但此观点又引发了新的质疑，"如果两个变量之间的对应关系是无序的、随机的、没有什么规律的，那研究这函数还有什么意义"，对此，教师来进行释疑："很多变量之间的关系和规律，不是我们一眼能看出来的，我们要先建立一种模型，研究才会有载体，才能进行下去，很多变量之间的关系都是这么被探究出来的，所以建立函数关系是一种解决问题、研究变量关系的工具。"

辩论②：对于第7题，各组普遍认为："函"这个翻译不能清晰地反映两个变量间相互依存的关系，可以翻译为"靠数""倚数""父子数"（这个译名被否定了，因为父亲不一定有孩子，也不一定是只有一个孩子）"夫妻数"等，各组在相互创新、点评中进一步理解了建模的要件和函数的本质。

辩论③：对于第8题，各组普遍认为：函数是一种意识，它可以应用在很多方面，不仅可以应用在股票、数据监测等方面，还可以应用于生活、学习中，如身高随年龄的变化、体重随摄入糖分的变化、网速随使用人数的变化等，任何你想研究的两个变量之间的关系，只要它符合函数的条件，就可以用函数的方法来研究。

通过以上各组间的辩论，学生对函数的概念达到了更深、更精、更准的理解，思维层次也都攀升到评价和创新的层级。

（4）释疑新建：教师最后对学生或班级的表现予以点评，同时对函数概念进行概括，完成认识和思维的系统建构："函数是两个变量之间建立的一对一或多对一的对应关系，其中自变量的数值肯定变化，但与之对应的因变量的数值可以变化，也可以不变；这种对应关系可以有规律，也可以无规律，只要它们是一对一或多对一的对应就是函数关系。建立函数模型可以对生活中很多变化关系进行研究，函数模型是我们研究世界、探索世界、改变世界的重要工具，我们要熟识它，理解它，创新地使用它。"

（四）"QDL"教学模式的实践反思

1. 质疑驱动式教学的"四策略"

①创设情境——"思维源于直接经验的情境"。无论是线上还是线下，创设一个真实而复杂的问题情境、生活情境或探究情境，并将任务放置于这样的情境中，都有利于质疑驱动式教学。这样产生的疑惑能让学生感受到疑惑与背景相关联，同时也可以感受到疑惑是自己的，解决疑惑就是学生自主自愿的行为，从而展开质疑分享和质疑辩论的学习活动。这种复杂的情境，也使疑惑与原有认知结构中的经验发生联系，激活现有经验去同化和顺应学习活动中的新知识，赋予新知识特殊意义，形成认知结构的改组和重建。

②自我验证——线上激活质疑后，学生首先进行自我验证。自我验证是自主学习的实质性环节，不是老师直接讲授或讲解问题解决的方法、思路和路径，而是学生自主验证疑惑破解的出路、途径和方法。一般流程是：在明确所有疑惑的基础上形成解决疑惑的"知识清单"；确定所搜集知识的渠道、途径和方法；对搜集到的知识和信息进行分析和处理；利用知识和信息解决疑惑，完成任务单，并上传。

③协作释疑——自主学习后的拓展环节。班内各组在教师的组织和指导下交流、讨论自主质疑的学习成果，审辩式地面对所提出的各种理论、观点、假说、思路和主张，通过辩论协商的方式将群体智慧为每一个个体所共享，内化为个体的智慧，拓展个体知识视野，协作解释是学生交流、合作、评价、审辩的重要环节。

④产出评价——自主学习的激励环节。学生的自我评价、组内的相互评价以及教师的点评反馈，都极大地激励了学生的自主质疑兴趣和解疑释疑的欲望。评价要包含：是否完成规定的学习任务，在学习过程中所表现的各种

能力，在群体中所做的贡献等。重视过程性评价，提供开放、多元、多维的评价指标，充分反映学生质疑思考、释疑解疑过程中的不同思维水平。评价的最终目的是要让学生通过评价明确并形成自我调控、自我反馈、自我认同的学习能力。

2. "QDL"与审辩式思维的关系

在"QDL"质疑驱动式教学中，学生是通过质疑产生、质疑分享、质疑辩论、质疑点评等四个环节来完成认知的扩充和提升的，期间审辩式思维的层级也随着质疑的推进由熟识、理解、分析逐步到评价、创新，质疑驱动和审辩思维形成了一个由低到高、从浅到深的认知思维发展共同体，质疑驱动是审辩式思维的基础，而审辩式思维又引发高水平的质疑，它们相互关联映射、彼此促进。

① "QDL"与审辩式思维是相互关联的关系。

质疑产生——熟识与理解。学生自主线上学习时，更倾向于浅层次的学习认知，因此产生的质疑也往往处于浅层次、低水平的审辩式思维阶段——熟识与理解。案例《函数概念》中，自主质疑环节的"辨识"和"理解"这种较低层次思维相关的行为事件分别达到50%和25%，由此可见，线上学习所得的浅层质疑标志着审辩式思维的开始。

质疑分享——分析与评价。质疑分享环节中，与"分析"（50%）和"评价"（25%）相关的行为事件最多。分析层次的思维集中在"以交换信息为目的提出问题与质疑"，而不是"自行观察"和"自己明确或鉴定问题的本质"，这说明质疑分享是在向高水平的思维层次发展做准备。

质疑辩论——评价与创新。质疑辩论环节中，与"评价""创新"相关的行为事件较多，各小组会对信息进行较多的评价，同时进行自我反思及作品优化，创新地进行质疑重建，呈现出周期性、迭代性的观点质疑、重建、再质疑、再重建的过程，说明辩论引发的质疑是真正促进学生较高水平的审辩式思维的重建和创新。

② "QDL"与审辩式思维是彼此促进的关系。

质疑是审辩的前导——质疑是敢于对以前的知识、结论的正确性产生怀疑与批判，并孜孜以求地探索求证，最终去粗存精、去伪存真，由现象到本质地认识概念和规律，因此质疑是审辩的源头，审辩总是以质疑为先导，深入审辩之后更能坚定质疑的态度。

审辩是质疑的延伸——质疑前先有审辩式的分析，质疑后又紧接着的是系统性的延伸分析，长此以往学生就习惯于审辩式的思维活动，反复地深入思考问题，从而思维更开阔、灵活，见解更深刻、新颖，也就越容易进行创造。所以质疑是破旧和革故的"清道夫"，审辩是立异和鼎新的"助产士"。

"QDL"质疑驱动式教学，可以在现代化信息技术手段，"互联网+"的支持下，通过"线上质疑+线下释疑"的路径，"质疑+分享+辩论+重建"的学习过程，完成新知与旧识的同化与顺应，培养了学生的审辩式思维能力和科学的质疑精神，探索出面向21世纪培养适应社会需求的综合型创新人才的有效途径，更让信息交换和信息甄别带来的质疑驱动成为未来社会交流和分享的重要手段，也为审辩式思维在教学中带来巨大契机。

二、辩论研讨式教学模式

辩论研讨式教学模式是在质疑驱动式教学模式基础上发展而来的，其重点是课堂辩论，因此在操作上也更为复杂。

辩论研讨式教学与辩论赛有相似之处，但绝不等同于辩论赛。研讨辩论式教学是学生在教师的指导下，针对学习中的问题，选定辩题，根据自己的理解和认识形成正方和反方，采用辩论的形式，各抒己见、辩驳问难，在论证己方论点并力求驳倒对方论点的过程中，加深对命题的理解。其实在整个辩论过程中，其重点不在于辩论的技巧，而在于对命题的理解和阐释。

英国哲学家图尔敏1942年提出了一个可以应用在教学中的辩论模型，不需要太多技巧，就可以让学生像苏格拉底"诘问"一样不断逼近论题本质，有效地激发和引导审辩思维的产生，并且对审辩思维的深度和广度进行调控和评价,这使得"审辩有了载体,创新有了根,审辩思维不再是无的放矢,而是拾级而上"。

(一)辩论研讨式教学模式的理论基础

1. 墨子的辩论理论

辩论的历史与人类语言的历史一样久远。从中国古代的"百家争鸣"开始,辩论就有了高度发展。如最著名的庄子与惠施公的辩论;孟子也曾因自述"余岂好辩哉?余不得已也"而得到古今好辩之名;墨家辩者,简称墨辩等。墨子《小取篇》中有一段关于"辩"的概括论述,他说:"夫辩者,将以明是非之分,审治乱之纪,明同异之处,察名实之理,处利害,决嫌疑。焉摹略万物之然,论求群言之比,以名举实,以辞抒意,以说述故。以类取,以类予。有诸己不非诸人,无诸己不求诸人。"这是对墨家在逻辑思维方面比较全面的表述,可以说是总结性的论断。这段话的开端,首先提出了"辩"的任务有四项,其中包含认识方面的问题和现实方面的问题,明是非,审治乱,明同异,察名实,这都是当时名辩思潮论争中的问题。审治乱之纪,这是政治主张上的重大论题。《小取》的这些提法,都是有针对性的。其次,提出了对任务的要求,是"处利害,决嫌疑。焉摹略万物之情,论求群言之比。"这说的是"辩"在完成任务时所应达到的水平。再次,提出了辩的方法:"以名举实,以辞抒意,以说述故。以类取,以类予。"最后,提出了"有诸己不非诸人,无诸己不求诸人"。这是说辩的态度,要求辩者要有自觉的精神,要多多要求自己。

2. 苏格拉底提问式教学法

苏格拉底提问式教学法是指在与学生谈话过程中,并不直截了当地把学生所应知道的知识告诉他,而是通过讨论问答甚至是通过辩论方式来揭露对方认识中的矛盾,逐步引导学生自己最后得出正确的答案。它包括讽刺(不断提出问题使对方陷入矛盾之中,并迫使其承认自己的无知)、助产(启发、引导学生,使学生通过自己的思考,得出结论)、归纳和定义(使学生逐步掌握明确的定义和概念)等步骤,苏格拉底提问式教学法作为学生和教师共同讨论、共同寻求正确答案的方法，有助于激发和推动学生思考问题的积极性和主动性，并为在教学中开展辩论活动提供启示。

3. 现代对话教学理论

《学习的快乐——走向对话》（佐藤著，钟启泉译）中指出，学习作为一种对话性实践，不仅引导我们从独白世界走向对话的世界，而且借助这种对话性的、合作性的实践，为人们提供了构筑起"学习共同体"的可能性，而基于"学习共同体"构想的学校改革，作为一种"静悄悄的革命"将会形成 21 世纪教育改革的一大潮流。

4. 图尔敏论证模型

图尔敏论证模型是英国哲学家斯蒂芬·图尔敏受"法学类比"的启发，在其基础上，提出了一个由三个板块（主张、审辩、新主张），六个要素（结论、理由、保证、论据、支持和语气）构成的过程性模式，称为图尔敏论证模型（Toulmin's Argument Pattern，TAP），如表 5-4 所示。

表 5-4 图尔敏论证模型各要素含义

板块	要素	含义
主张（基础）	结论	一个断言或断定，是要在论证中为正确结论的术语
	理由	为结论提供的理论依据，如普遍规律、权威论述
	保证	为结论与理由之间的联系提供的事实依据，如材料、资料、现象
审辩（核心）	论据	对理由产生质疑时进行反驳的附加性论证材料
	支持	对保证产生质疑时进行反驳的附加性论证材料
新主张（成果）	语气	对结论进行修正或完善时的限定词

（1）"主张"板块是模型论证的基础。

在图尔敏论证模型中，由结论、理由、保证构成的"主张"板块是模型论证的基础，相当于论证过程中的"论题"，以"亚里士多德三段论"的方式呈现，但是同"亚里士多德三段论"表达的顺序稍有不同。

例如，"$\sqrt{2}$ 是开方开不尽的数，所以 $\sqrt{2}$ 是无理数"这个命题，以"亚里士多德三段论"的方式是这样呈现的：

大前提：开方开不尽的数都是无理数

小前提：$\sqrt{2}$ 是开方开不尽的数

结论：$\sqrt{2}$ 是无理数。

而在"图尔敏论证模型"中却是这样呈现的：

结论：$\sqrt{2}$ 是无理数；

理由：$\sqrt{2}$ 是开方开不尽的数；

保证：开方开不尽的数都是无理数

根据语言表达中的"强调后置"原则，"三段论"将结论放在后面，说明"三段论"更关注逻辑分析后的结论是否正确；而图尔敏论证模型把结论放在了论证分析的前面，把命题成立的依据（"理由"和"保证"）放在了论证分析的后面，说明了图尔敏论证分析的重点是人们对产生这个结论的理由和保证的质疑和评判。

（2）"审辩"板块是模型论证的核心。

在图尔敏论证模型中，由论据、支持所构成的"审辩"板块是模型论证的核心，也是图尔敏论证模型所独有的培养审辩思维的组成部分。无论是自己还是他人都可以对主张中的"理由"和"保证"提出质疑，然后由论证者进行解释、反驳和申辩。

例如，针对命题中的"理由"，有人可能提出以下质疑：如何说明 $\sqrt{2}$ 是开方开不尽的数？这种方法是否也能说明 $\sqrt{3}$、$\sqrt[3]{2}$ 也为开方开不尽的数？为了说服这样的听众，论证者就必须再拿出新的理由来反驳这些质疑，支持自己前面论述的"理由"，这种新的理由就被称作"论据"，如本次质疑，论证者可以提出"经典的反证法"来说明，同时说明这种方法也能说明 $\sqrt{3}$、$\sqrt[3]{2}$ 是开方开不尽的数。

例如，针对命题中的"保证"，有人可能提出以下质疑：为什么开方开不尽的数就是无理数？无理数的定义是这样表述的吗？是不是无理数就是指开方开不尽的数呢？面对这样的质疑，论证者就有责任予以必要的解释，如出示其理论依据、专家意见或研究结果、统计数字、自己的经验等，这种解释就称作"支持"。如，本次质疑，论证者可以出示：无理数的定义是无限不循环小数，并且要解释开方开不尽的数就是无限不循环小数，以及无理数不仅仅是开方开不尽的数等。

（3）"新主张"板块是模型论证的成果。

在图尔敏论证模型中，由"语气"要素所构成的"新主张"板块是模型论证的成果。特别是通过模型中"审辩"板块，论证者对命题的结论有了更全面、客观的认识，所以将对最初的结论进行完善和修正，形成新的结论。当然，新的结论也会形成新的命题再一次被听众所质疑，所以图尔敏论证模型会循环使用，直到达成共识，没有质疑为止。

在这个环节中，"语气"起到对新主张的限定或完善作用。限定是因为涉及现实背景的命题（如概率、应用题等），都无法保证结论或方法适合每种情况，因此加上"一般情况""某种情况下"等限定词，严谨学生的思维。完善，是对新主张的外延或内涵加以说明，使之更全面。如本次命题中的新主张就可以这样表述：$\sqrt{2}$是开方开不尽的数，开方开不尽的数都是无限不循环小数，所以$\sqrt{2}$是无理数，但无理数不仅仅是指开方开不尽的数。

（二）辩论研讨式教学模式的程序说明

第一步：确定论题——提前一周将论证课题布置给小组长，由小组长带领组员进行论证板块的分工、研究和汇总。

第二步：展示论点——由某一小组代表按图尔敏论证模型的构成，依次进行"主张—审辩（质疑及解释）—新主张"的展示。

第三步：辩驳互论——听众对论题中的"理由""保证""论据""支持"中的内容提出质疑，然后由展示小组进行解释或反驳，这种"质疑＋反驳"的链条可以循环多次，直至质疑解除。

第四步：完善论点——根据多次的"质疑＋反驳"，由展示小组对结论进行更客观、更科学、更严谨的描述。

辩论研讨式教学模式的一般流程是（见图5-3）：

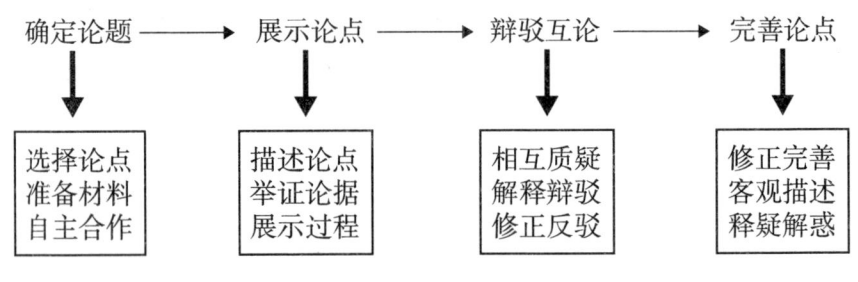

确定论题 ——→ 展示论点 ——→ 辩驳互论 ——→ 完善论点
    ↓   ↓   ↓   ↓
选择论点   描述论点   相互质疑   修正完善
准备材料   举证论据   解释辩驳   客观描述
自主合作   展示过程   修正反驳   释疑解惑

图 5-3

（三）辩论研讨式教学模式的案例分享

1. 案例背景

北师大版五年级上册《鸡兔同笼》的题目素材（如图5-4），同样也出现在初一数学的课本上，只不过解决问题的方法不同，小学用算术，初中用方程。

尝试与猜测

● 鸡兔同笼，有9个头，26条腿。鸡、兔各有几只？

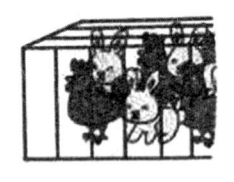

"鸡兔同笼"问题出自我国古代数学名著《孙子算经》。

图 5-4 北师大版《鸡兔同笼》教材

（1）小学算术的方法：

① 9×2=18（假设都是鸡）

26-18=8（剩余的两脚兔的脚数）

8÷2=4（兔子数）

9-4=5（鸡数）

② 26÷2=13（砍去一半的脚）

13-9=4（剩下的1只鸡1只脚，1只兔子2只脚，多兔子）

9−4=5（鸡数）

（2）中学方程的方法：

①列一元一次方程。

解：设兔有 x 只，则鸡有（9−x）只

$4x+2(9−x)=26$

解得 $x=4$

∴鸡有 9−4=5（只）

②列二元一次方程组。

解：设兔子有 x 只，鸡有 y 只

$\begin{cases} x+y=9 \\ 4x+2y=26 \end{cases}$ 解得 $\begin{cases} x=4 \\ y=5 \end{cases}$

2. 教学实施

（1）确定论题。

通过"鸡兔同笼的算术法与方程法"的对比，你认为对于应用题的处理，_____方法更方便，因为_____。

这是一个开放性命题，目的是激发学生研究的积极性，各小组可以根据自己的理解，形成属于自己的命题。

各小组上课展示前递交的数据中，有30%认为算数方法更为方便，有50%认为方程方法更为方便，有20%的小组认为要视"情况"而论，且有15%的小组并没有给出"情况"的明确内涵。但无论哪种结论，其理由和支持都不尽相同。

结论①：

论题：对于应用题的处理，算数方法更简便

理由：鸡兔同笼的问题，只要列4个算式就可以，而方程求解太麻烦

保证：任何应用题都可以列算式解决（小学经验）

结论②：

论题：对于应用题的处理，方程方法更简便

理由：鸡兔同笼的问题，算式易解但难列，而方程很容易列出

依据：任何应用题都可以转化为方程问题（笛卡尔语录）

结论③：

论题：对于应用题的处理，采用方程还是算术，要视情况而定

理由：鸡兔同笼的问题，算式易解但难列，而方程易列不好解

保证：任何事情都有两面性（唯物辩证理论）

……

综上所述，无论哪种主张，都是学生自身经验的结果，虽然还停留在"就事论事"的表层阶段，但已揭示了方程和算术在处理问题上的基本异同，那就是算术好算难列，而方程是好列难解。

（2）质疑反驳，随要害推进。

由于本案例中的"主张"是学生自主设定的，因此课上如果针对每个主张中的"理由"和"保证"都进行质疑和反驳，必然会偏离主题，沦陷于细节。质疑一定要切中要害，而本次案例中，方法是否简便，是针对应用题的处理。而学生面对应用题时感觉最困难的是什么呢？是将应用题中的数量关系转化为算术或方程，所以本次质疑中的要害就抓住了：算术法是如何将数量关系转化为一个算式的，它简便吗？方程法又是如何将数量关系转化为方程的，它简便吗？……

反驳第一层：通过鸡兔同笼的算术和方程对比，方程法比算术法更便于理解。

"鸡兔同笼"中有4个算式，每个算式都要变换背景去理解，而且理解枯涩，可是这些算式到了方程中却成了不需要理解的常规解法步骤：移项、合并同类项、系数化为1，减少了数量关系转化的频率；而且借"消元思想"解释了"为什么要把鸡想象成四条腿的兔子"或"把兔子想象成两条腿的鸡"这种不合常规理解的原因，如图5-5所示。

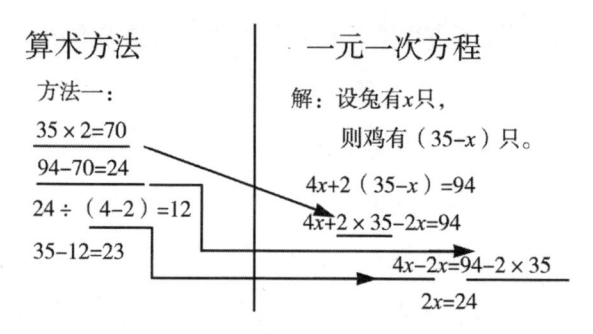

```
算术方法              |  一元一次方程
方法一:                |  解:设兔有x只,
35×2=70               |      则鸡有(35-x)只。
94-70=24              |
24÷(4-2)=12           |  4x+2(35-x)=94
35-12=23              |  4x+2×35-2x=94
                      |  4x-2x=94-2×35
                      |  2x=24
```

图 5-5　"鸡兔同笼"的算术和方程对比

反驳第二层:揭示数量关系更易转化为方程或方程组的原因。

由于在"鸡兔同笼"问题中,鸡和兔子的只数都不知道,所以列算式就只能通过减少变量、逆向思考的方式,把它们都想象成兔子(或鸡),然后通过差值来判断兔子的只数,但是在方程中却不必如此,当鸡或兔的只数不知道时,我们可以先用字母 x 或 y 代替,然后按照题目中的数量关系转化为方程或方程组即可。也就是说,字母参与运算是数量关系更易转化为方程或方程组的主要原因,如图 5-6 所示。

```
⎧鸡数*1头+兔数*1头=35      设兔子有x只      ⎧x+y=35
⎨                         ─────────      ⎨
⎩鸡数*2脚+兔数*4脚=94       鸡有y只          ⎩4x+2y=94
```

图 5-6　"鸡兔同笼"的数量关系转化为方程

反驳第三层:通过"鸡兔同笼"得到方程法更简便,能否说对于所有应用题的处理,方程都会比算术简便呢?

"事物都有两面性",不能仅仅依赖特例就得出一般结论。例如:应用题"商店运来 500 千克水果,其中有 8 筐苹果,剩下的是梨,梨有 300 千克,每筐苹果重多少千克"的处理,需要列方程吗?

方程法简便的原因是字母代替未知数参与运算,所以若数量关系中未知数不需要参与运算,则算术法简便;若未知数需要参与运算,则列方程简便。

反驳第四层:对于应用题的处理,除了方程法,还有其他方法也能简便处理应用题吗?

应用题的处理，除了方程法，还有不等式、函数等方法。

（3）形成新主张，客观严密。

通过对新朋友"方程"和老朋友"算术"的对比论证，初一学生从质疑到接受，真正认同方程学习的价值，同时形成了比课前准备更为完整和严密的新主张："方程因字母代替未知数参与运算，所以对于应用题中数量关系的表达会更简便，方程也被称为解决实际问题的基本模型，但是对于未知数不参与运算的应用题，算术法也不失为一种好方法。"

（四）辩论研讨式教学模式的实践反思

辩论研讨式教学同常规教学中采用的"三段论"论证模式相比，有四个不同之处，而这不同之处都体现着图尔敏论证模型在培养审辩方面所具有的优势。

1. 关注点不同。"三段论"中的大前提已经被确定，被断言为"事实"，无须再进行证明或证实，所以"三段论"更关注"事实"所推出的结论，而图尔敏论证模型不同，在它那里"主张"是不确定的，是需要修正和完善的，所以图尔敏论证模型更关注提问或讨论，这就使得论证变成了一种提问、讨论、说明、解释，而不是命令、规定、宣传或指示。

2. 论证的方式不同。"三段论"论证是静止的，它的三个部分都已经固定在那里。而图尔敏模式论证是进行式的，从"理由"到"结论"必须经过"保证"，"保证"是一座有待论证者自己去架设的桥梁。

3. 环节的完整度不同。"三段论"中的"大前提"往往在命题表述中被省略掉，这使得论证分析变得困难，不易产生质疑；而图尔敏论证模型是不允许省略某个要素的，这让审辩更易有的放矢。

4. 论证所采取的语气或模态限定不同。在"三段论"论证中，结论一般都是肯定的而非质疑的，但在图尔敏认证模型中，结论往往需要语气限定，如添加"一般情况下""在很大程度上"等限定语，以便结论的内涵更灵活、更理性，也更全面。

总之，以图尔敏论证模型为基础的辩论研讨式教学进入中国课堂后，学生逐步开始自己质疑、自我审辩并搜寻相关资料或素材，进行逻辑性组合，进而论证自己观点或他人所要求的观点，这种尝试让质疑不再定势和被动，审辩意识真正有了自己的土壤和空气。

三、实验探究式教学模式

实验探究式教学，是指以数学中质疑的问题或观点作为研究对象，通过实验操作或论证的方式探究出质疑的现象和问题的本质，从而得出结论的过程。

实验探究式教学通过再现知识产生和形成的过程，让抽象的知识变得可见、可触、可探索、可创造，数学不是一步步逻辑推导出来的，它是在观察、实验不断探究事物和现象的运动规律中产生的，所以数学首先是一门实验科学。

数学实验可以分为：教师演示型实验和学生验证型实验、学生的程序性实验、学生探索性实验，但英国科学教育运动倡导者阿姆斯特朗认为："实物教学或演示实验不管有什么样的价值和效果，都无法与发现式的实验教学相比拟。"要想真正激发质疑意识和创新思维，实验探究式教学的核心都是让学生成为实验的主人，成为探究的主体，去真正体验探索、验证和创造的快乐。

（一）实验探究式教学模式的理论基础

1. 数学观的根源

数学观的认识实际上是对数学本质的认识，有意或无意地支配着数学教与学的过程与行为。

（1）建构主义的数学观。20 世纪上半叶，数学哲学上出现了逻辑主义、直觉主义、形式主义三个学派的观点，逻辑主义学派认为，数学的思想、方法和概念都是从属于逻辑的，可以把它看作逻辑的一个子集；直觉主义的观点认为，数学只能采取归纳性方法和构造性的证明，否则就会发生歧义、引出矛盾；形式主义的观点认为，可以将数学建立在形式化公理控制之下的形式系统中。虽然三个学派的数学观不尽相同，但他们都有共通的特点，即对数学持静止、片面的观点，把数学等同于数学知识的汇集，认为数学是一种具有严谨系统的演绎科学，认为数学活动仅仅为高度的抽象思维活动。Lactose 在他们的基础上，认识到数学证明、数学研究和数学学习，要有学习研究者的亲身实践和体验，需要数学实验，但 Lactose 所指数学的准实验仅仅是"思想的实验"。

随着哲学和数学哲学的大发展，建构主义的数学观脱颖而出。建构主义的数学观认为，数学不是建立在独立于人类思想之外的客观的现实之上的，数学理论不是任意创建出来的，不是事先存在的事实等着我们去承认和掌握它。从数学的产生和发展来说，是从人类的社会实践中总结、创造出来的一套客观世界的数量关系与空间形式的知识。它需要通过人们自身的数学活动，从已有的数学对象及关系中产生。学生的学习虽然不是数学家的科学研究，但是他们通过类似的数学活动获得数学知识和对数学知识的理解。所以基于建构主义的数学观，数学应该被看作活的、动态的、开放的、可能有错的数学活动的结果，而不是一成不变的、静态的、封闭的、绝对正确的结论。

（2）心理学的理论基础。

数学教学即数学活动的教学。中学生学习数学不应只是消极被动地接受并记住来自教师或教科书的数学结论，而是应该积极主动地参与数学活动。数学活动在教学过程中是按照三个阶段进行思维活动的：经验材料的数学组织化→数学材料的逻辑组织化→数学理论的应用。

基于以上认知，数学教学活动不仅是交给学生已发现的现成的数学理论，更重要的是教给学生如何进行数学活动，让学生通过一系列的数学思维活动——观察、类比、猜想、归纳、概括等来完成对数学材料的经验化与逻辑化，让学生置身在数学活动中去发现、验证，甚至进一步将理论予以推广，并对数学知识加以运用。在实验教学过程中，学生在教师的辅导下对实验操作和实验现象等直观感性经验进行分析改造，进而归纳出抽象的理性概念或原理，最后再将领悟的概念或原理运用到具体的问题情境中，以检验对所获取知识的理解。

2. 现代数学教学理论

（1）建构主义的学习观。

建构主义的学习观认为：学习不是简单的信息积累，更重要的是新旧知识经验的冲突以及由此引发的认知结构的重组。学习是学习者主动地建构内部心理表征的过程，它不仅包括结构性的知识，而且包括大量非结构性的经验背景；学习过程同时包含两方面的建构，一方面是对新信息的意义建构，另一方面又包含对原有认知经验的改造和重组，这与皮亚杰关于通过同化与顺应而实现的双向建构的过程是一致的；学生的数学学习应该是学生个体的主动建构过程，每个学生都是从自己的认知基础出发以自己的思维方式理解数学的，因此不同的人看到的是事物的不同方面，不存在唯一的标准的理解，学习过程要增进不同学习者之间的合作，使其看到那些与自己不同的观点，完善对事物的理解。

学习者总是用其自身的经验来理解和建构新的知识或信息，学生学习的数学虽然是间接经验，但对于学习者来说，仍然是新的、未知的，需要用他们自己的学习活动来再现数学家发现和探索的过程。从这个意义上看，数学是无法灌输的，是难以讲授的，只能依靠学生的主体参与才能学好数学。杜威早在20世纪初就提出了活动理论，强调"从做中学"，他认为最好的学习方法不仅要教给学生已发现的现成的数学理论，更要给学生创设数学活动的情境，在"做中学"，把学生摆在与数学家同样的位置上，以一个研究者的身份去参与数学知识的获取，让学生感受和了解这些知识发生、发展的过程，从而萌发出一种对数学知识发生和发展、模仿和创造的兴趣。

基于建构主义的学习观，学生的学习应该是在教师指导下以学习者为中心的有意义的学习。既强调学习者的认知主体作用，又不能忽视教师的主导作用。教师是意义建构的帮助者、促进者，而不是知识的提供者和灌输者。

教师的作用从传统的传递知识的权威者转变为学生学习的辅导者，成为学生学习的高级伙伴或合作者。学生是学习信息加工的主体，是意义建构的主动者，而不是知识的被动接受者和被灌输的对象。

从这个角度来说，数学实验教学就是这样一种教学模式——让学生开展主动的活动和积极的自我建构，在具体的教学过程中，数学内容被设计成一些对学生具有未知的、挑战性的问题，充分暴露数学知识的产生和形成过程，尽可能地使学生真正参与到数学活动中来，鼓励他们大胆想象、积极思维、主动探索，真正做到"手、脑、口"并用，让他们充分发挥自己内在的潜力，不断提高创造的能力。这种教学模式为学生创造了更多自我管理的机会，重视师生、生生之间的相互作用。通过合作与讨论，学生看清事物的各个方面，在讨论中不断对自己的思考过程进行反思，对各种观念进行组织和重新认识，更加有利于学生建构能力的提高。

（2）发现教学理论。

现代认知学派的代表人物布鲁纳，基于认知心理学，尤其是结构主义的认知心理学提出了"发现学习"。他非常重视人的主动性，强调把人当作主动参与知识获得过程的人。他认为："发现不限于寻求人未来尚未知晓的事物，确切地说，他包括用自己的头脑亲自获得知识的一切方法。"他同时还提出发现学习的基本步骤：带着问题学习探索；提出问题；设置情况；产生不确定性，提出假设，寻求答案；提出各种可能；讨论，求证；评价和验证；得出结论。

对于数学学科而言，数学发现学习的过程即为发现过程和论证过程，它以自主学习、直觉思维、动机激发、信息提取为四个基本特征。

在发现学习理论的基础上，发现法教学在教学实践中的进一步应用与发展，逐渐形成了发现教学模式。发现教学模式不是把学习内容以定位的方式直接呈现给学生，而是面向学生提供一定的材料，让学生通过一系列的独立探索行为（如知识的转换、领悟、组合等）习得知识的一种教学模式。

这种模式的目标在于发展学生的探究思维能力，让学生从已知事实和已知现象中推导出未知，形成概念，从中发现事物发展变化的规律，养成科学探究的态度和方法。

由于建构主义学习理论的发现，信息技术与教育的整合，发现学习得到了越来越多的关注，人们越来越强调要综合利用现代化手段、网络通信等新技术，为学习者创设一种开放的、主动的、发现式的学习环境，发展学生的高级思维能力和问题解决能力，基于计算机模拟实验的发现学习成为实验探究教学的趋势。

（二）实验探究式教学模式的程序说明

实验探究教学模式的操作流程主要包括两个过程：实验过程和论证过程，因此实验探究式教学的操作流程一般为：

第一步，提出实验课题。提出实验课题是数学实验教学的第一环节，是实施其他教学环节的前提和条件。课题提出有多种方式：教师通过现实生活中遇到的问题，并从中抽象出实验课题，或可以直接提出课题。通过实验课题的提出，明确要解决的问题引起学生原有的认知结构和新知识的认知冲突或心理问题，以激发探求解决问题的强烈动机。

提出实验课题后，教师应当明确实验目的、实验要求、实验所利用的数学器材或软件。

第二步，实验建模。在演示型实验中，实验建模由教师完成，而在验证性实验或探究性实验中由学生根据实验目的、思考分析问题，提取问题中的已知条件、未知条件和要求的结果，在实验小组中讨论解决该问题需要用到的数学概念和规律，确定解决问题的概念和规律，然后在自己认真思考的基础上，提出自己分析、解决问题的构想，并预设实验结果。

第三步，预设方案。根据实验预设，设计实验方案及具体步骤，明确要达到的目标。

第四步，实验循证。学生进行多次实验，并为每一次的实验结果寻找因果关系和逻辑关系，如果实验的结果符合认知的观点和解释，则实验结果成立，如果有疑惑或质疑，则需要重新实验，重新寻找其内在的因果和逻辑关系。

其间，学生必须尊重事实，尊重规律，以开放的态度面对结果和质疑，运用与科学相联系的各种不同的认知过程中的方法，验证猜想是否是科学的、有效的结论。同时还要让学生看到实验方法的局限性，通过实验所得到的发现不应该被看作是实验的结论，这是数学实验与理化生实验所不同的地方。

第五步，实验报告及应用。数学实验报告，分享实验过程，展示实验成果，应用实验结果解决实际问题。

实验探究式教学模式的一般流程是（见图5-7）：

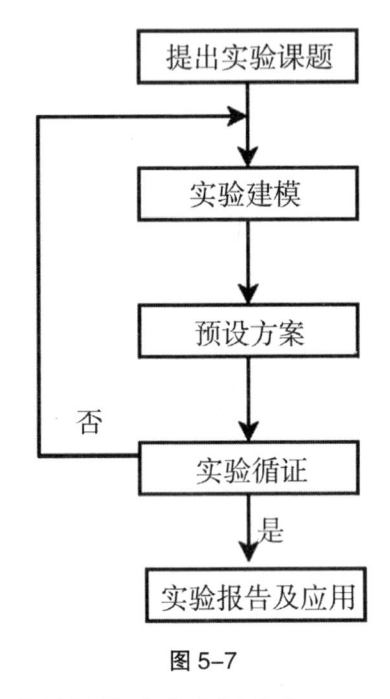

图 5-7

（三）实验探究式教学模式的案例分享

1. 案例背景

案例题目是《一元二次方程解的估计》，选自义务教育青岛/泰山版九年级上册第三章《一元二次方程》第一节第2课时。本节教材安排在引入一元二次方程的概念之后，学习解一元二次方程的配方法、公式法和因式分解法之前，内容是运用实验的方法，借助于二分法具体估计出一元二次方程的实数解。

2. 教学实施

（1）提出实验课题。

教师拿一个礼物："同学们,今天老师带来了一件小礼物,送给谁好呢？"（略微停顿一下）学生的注意力一下子就会被吸引过来,"谁先猜中礼物的价格,就送给谁。",游戏规则是：教师只对学生猜的价格做出与实际价格"高了"或"低了"的判断,除此之外没有其他暗示性条件,学生可以在不断地猜测中调整自己的价格。

例如,学生说"200元",教师回答"高了",即猜的价格比礼物真实的价格高了,礼物的价格要比200元低。于是学生第二次就会在低于200元的范围内再猜一个价格,如100元,教师再次根据学生猜的价格进行"高"或"低"的判断……如此反复,直至猜出礼物的真实价格。但是,礼物只有一个,因此游戏中不仅要猜出真实价格,更要尽快,即猜出价格的次数越少越好。

设计说明：教师将电视中的竞猜游戏引入数学课堂,使得学生兴趣满满,同时从游戏中提取数学实验课题：即如何通过两数"高""低"的比较,最快地找到隐藏的真实数据。

（2）实验建模。

学生积极参与猜价格大战,同时开始寻找猜的价格与真实价格之间是怎样的数学关联,在大量的价格被否定的过程中,学生也会发现自己在不断地逼近礼物的真实价格。

引导学生思考：这是一个什么数学问题,我们在使用什么样的数学模型逐步解决着这个问题？

学生梳理实验的过程,并将整个实验过程绘制成表5-5,但并不容易发现内在规律,将其按照猜的价格从大到小顺序排列,重新绘制成表格5-6,从而发现我们通过价格的猜测,不断缩小猜测的范围,直至缩小到只有真实价格这一个数据为止。

表5-5 实验过程记录

猜的顺序	第1次	第2次	第3次	第4次	第5次
猜的价格	200	100	180	120	150
与实际价格比较	高了	低了	高了	低了	低了

（3）预设方案。

通过以上实验分析，学生很容易发现他们是在用观察检验的方式逐步地确定价格的范围，于是采用最基本的实验方法："观察—检验法"来设计实验探究的方案，并考虑到使用多媒体进行整理、统计、计算、展示实验数据的策略。

表5-6 排序后的实验过程记录

猜的顺序	第1次	第3次	第5次	…	第4次	第2次
猜的价格	200	180	150	…	120	100
与实际价格比较	高了	高了	低了	…	低了	低了

（4）循证分析。

在不断使用"实验—检验"这种基本的实验方法进行价格范围缩小的过程中，在一次次统计猜测价格的过程中，一个问题很顺利地冒了出来：如何快速缩小价格的范围？怎么猜的数据最有效？

学生组成小组，进行交流讨论和实验论证。

经过数次的实验，学生发现，对于100～200元的范围，不管我们猜测其间的哪个价格，都能把原来的范围（100，200）分成两个部分。如果我们猜测150元这个中间值，我们将把（100，200）这个范围均等分。如果我们靠近一端猜价格，必然分成的两部分不均等，那么缩小后留下的范围也不一样。如果我们能知道价格更偏向哪端，那么我们可以猜测更靠近那一端的价格，来缩小更多的范围；如果我们不能确定价格的走向，那就取平均值来均分范围，取中间值均分范围的方法也是缩小范围常用的方法——二分法。

（5）实验报告及应用。

在明确了"二分法"之后，学生重新用"二分法"估计出礼物的价格。学生将实验过程和实验结果，以及探索出的方法写成实验报告作为当天的作业上交给老师（图5-8）。

要求学生类比刚才的方法自己解决下面的问题。

问题：某地开辟了一块长方形的荒地，新建一个以环保为主题的公园，已知这块荒地的长是宽的2倍，它的面积为400000平方米，那公园的宽大约是多少？它有1000米吗？如果要求误差小于10米，它的宽大约是多少？

让学生在小组内展开交流：怎样对实际问题进行估计？估计的一般步骤是什么？有哪些估计的方法？哪种估计的方法比较简便？

实验：估计数值的方法

一、实验目的：探究估计数值的方法——二分法

二、工具：图形计算器，几何画板。

三、实验方法和步骤：

1. 初步感悟，得到估计数值就是估计数值的范围；
2. 总结估计范围的一般方法——"观察＋检验"法；
3. 小组合作，探究缩小范围的一般方法——"二分法"；
4. 拓展应用，求解一元二次方法的解。

四、实验记录（略）

五、实验结论：

用"观察—检验"的方法确定估计的范围；用"二分法"缩小估计的范围。

六、我的更多发现：

其实"二分法"并不是缩小估计范围最快的方法，"0.618黄金分割法"更快。

图 5-8

（四）实验探究式教学模式的实践反思

1. 实验探究模式有助于知识的理解与记忆

传统讲授式教学会把结论明确地告诉学生，学生没有参与新知识的发现过程，学生是通过接受的方式机械地获取新知识的，并以记忆的方式来记住结论。在实验探究教学模式中，没有告诉学生要学习的内容，而是通过学生的动脑设计、动手实践、质疑发现而得知的，最后由学生动口阐述结论，并在交流中将"发现"得以共享，用这种方式学习，学生对知识记得更牢、更准，对知识理解更深，特别是对学习有困难，逻辑推理能力较弱的学生，帮助更为明显。

2. 实验探究教学有利于诱发学生的良好学习动机，促进学生主动学习

传统授课往往忽视诱发学生学习动机，更多地依赖于对知识精讲细讲，通过机械训练来完成对新知的同化与顺应，而实验探究教学中的学生却在实验的真实体验中逐渐诱发自身的学习动机。动机促进了学习，在探索中发现和获取数学知识，反过来又激发学生良好的学习动机。

3. 实验探究教学模式有利于促进学生正确的数学观的形成

在实验教学中，学生认识到数学不是公式、定理的简单汇集，因为要交流讨论，所以数学是语言；因为要用到计算机等科技手段来学习知识，所以数学是技术；数学不是以逻辑推理为最终目的，模仿和记忆不是唯一和主要的获取知识的途径，实验、观察是数学的重要实践途径。

4. 实验探究教学有利于培养学生的直觉思维，但对逻辑思维的培养不是很突出

数学实验探究教学是现代数学和现代教育理念发展的必然结果。这种新型的数学教学模式让学生在数学学习中真正了解"发现真知、发现自己、发现过程、发现质疑"的意义，是传统教学模式的有益补充，具有强劲的生命力。

四、思维可视化教学模式

思维是人脑对客观现实世界的概括和间接的反映,反映的是事物的本质和事物间规律性的联系。人脑中形成的思维是看不见摸不着的,如果运用某种辅助工具将隐性思维显现出来,那么就能形成可视化的思维。

所谓思维可视化,就是把学习过程中的思考方法和路径通过图示技术呈现出来。其中,思考方法主要指在学习过程中常用的抽象、概括、区分、推理、分析、综合等逻辑方法,也包括发散、聚合、递进、抽具象转化等思考方式,思考路径主要是指思考过程中的思维发展线索;图示工具主要指八大思维图示、思维导图和概念图等。

数学思维可视化教学是指在学习和解决数学问题时,借助图示、符号、文字、模型等直观手段将原本不可见的思维路径和知识体系结构清晰呈现出来,从而达到隐性思维显性化、显性思维策略化、高级思维自动化的教学目的。

在数学教学中,思维可视化工具在小学阶段多采用思维八大图示,到了中学阶段,思维导图使用居多。

思维导图作为一种有效的教学辅助工具,其核心是将形象思维和抽象思维相结合,将抽象的思维过程转化为具体的文字、图形和线条,使学生从整体看见主体与各分支,以及各个分支之间的联系或脉络层次,促进学生新旧知识的连接和整合,层次分明地浓缩知识结构,达到快捷梳理知识体系和方法拓展的效果。因此章节复习课或专题方法拓展课多采用思维导图式教学模式。

思维导图式教学模式是以思维导图的绘制、讨论、修正与完善为教学主线,通过思维导图的个性分享与相互质疑,发现问题解决或构成的路径和逻辑,从而优化思考过程,促进思维发展的教学范式。

(一)思维可视化教学模式的理论基础

1. 建构主义学习理论

建构主义来源于认知加工学说、布鲁姆教育理论、皮亚杰认知发展等。建构主义理论自萌发到发展成熟,都离不开布鲁姆和皮亚杰的不懈努力。其中对于建构主义理论的解释可从知识观、学习观、学生观、教学观等多个角度进行阐述。

建构主义从知识观出发,强调学习者只有基于自身经验背景建构起来的知识结构才是对知识的真正理解,死记硬背或被动式的复制都不能达到理解知识的目的,所以不要将我们对知识的理解强加给学生,而是要引导学习者在原有知识的基础上进行加工和再创造,自行建构新的知识体系。从学习观出发,强调学习不是学生简单地被动地接受知识和记忆信息,而是学生在原有知识的基础上自主构建新知识的过程,它包括新知的建构和原有知识的改建和重组。从学生观出发,提出学习者在教学中是有意义学习的主动建构者,因此在教学活动中应充分发挥学习者的主体性,努力激发学习者主动学习和思考,自动分析和探究。从教学观上强调,尊重学习者在课堂教学中的主体地位,教师作为学生学习的辅导者和促进者,在教学活动中应重视学生对现象的理解,倾听学生的观点,摸清学生的思路,为学生创设有利于思维发展的教学情境,构建知识交流互动的舞台,使学生在教学课堂上有所收获,有所感悟。

由此可知,思维可视化教学应为学生建构数学知识体系及思维体系,教师要充分发挥学生的主体地位,创设真实有趣且形象的教学情境,引导学生对新知产生思考,生出驱动性问题,展示学生思维路径,拓展学生思维空间,通过动画、图示等可视化方式,揭示表面现象下的本质变化,转变原有的认知观念,深化对概念和规律的理解,构建更为完整的知识体系和思维体系。

2. 信息加工及脑科学理论

信息加工学习理论认为,大脑在短时间内加工和记忆信息的能力是有限的,且在面对复杂、无序的信息点时记忆容量也会大幅度下降。在面对复杂、繁多且抽象的数学概念和结论时,如果能将散乱的知识点组成有意义的知识板块,转变机械式学习模式,就会增大记忆容量和延长记忆时间。信息加工理论强调学习的主动性,首先学生是主动地接受外界刺激且对外界环境产生兴趣,激发学习动机,然后通过自主整合、反馈达到强化信息的结果,使短时记忆的信息转变为长期记忆。加涅针对信息加工设计出具体的加工模式,如图5-9所示。

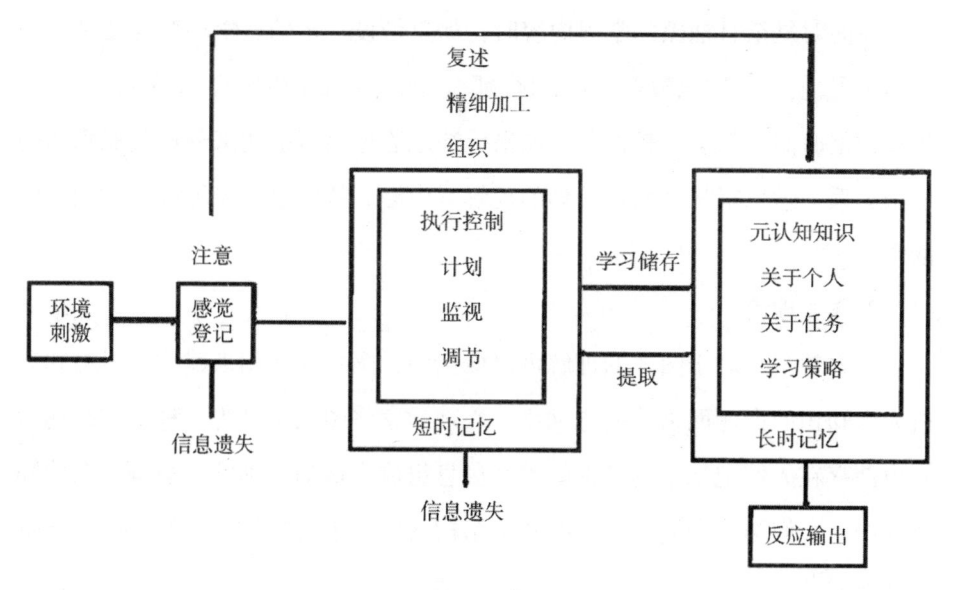

图 5-9 加涅信息加工理论模型图

现代脑科学研究表明，大脑分为左脑和右脑（如图 5-10），其中左脑负责逻辑、文字、数字，右脑负责直觉、创造力、想象力。大脑是一个并行处理器，它可以同时执行多种功能，学习涉及整个生理机能，外部和内部产生的刺激促进大脑活动，导致神经元连接或突触的增加。大脑对意义的探索是与生俱来的，它会通过模式来寻找意义。每个大脑都是独一无二的，因为学习实际上改变了大脑的结构，学得越多，大脑就越独特。大脑学习的最终能力是无法测量的，因为这种能力会随着使用而增加。

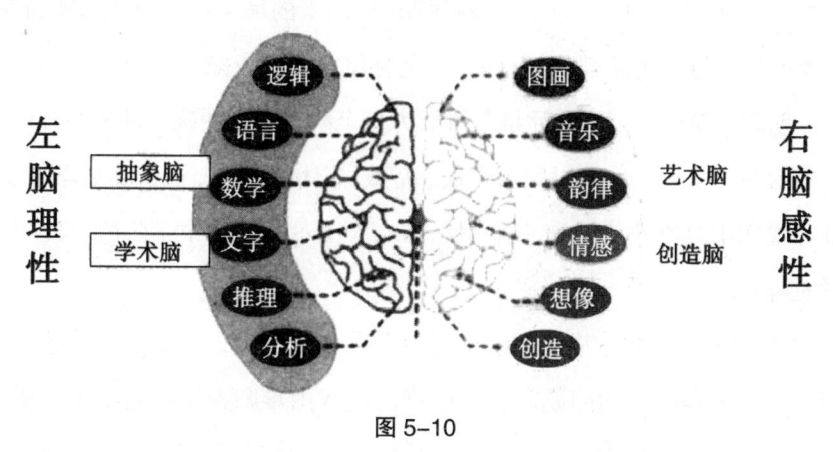

图 5-10

在面对复杂且抽象的学习内容时，如果创设一定的教学环节促使左右脑共同作用,使内隐知识和思维外显化,那么,就会加深学生印象,增强记忆效果,延长记忆时间。数学比较抽象,如果单纯地通过语言描述来分析其概念间的复杂关系,学生很难全面且深刻的理解其内涵,特别是逻辑思维抽象能力弱的学生。

3. 图式理论

西方哲学家对于图式的理解可以概括为：图式就是用来建构、组织和分析人类知识的命题网络和概念网络。心理学家将图式定义为一种认知结构,它由储存在人们记忆中的各种经验和信息组成。认知心理学家强调,在认知过程中,人们抽象和概括活动的基本结构或同类事物的特征,在头脑中产生的框图就是图式。

图式的基本功能是帮助人们认识客观事物,加深人们对事物的认识。图式的基本作用可以概括为：构造、判断、探索、重组,即学习者运用图式学习信息与运用图式表示出新旧信息之间的关联,并依据新旧信息之间的关联探求并创造新知识。也就是说,学习者通过图表来构建新知识和旧知识之间的联系,并依据新知识和旧知识之间的联系来推断和创新知识。

思维可视化的图式方法有多种类型,如思维八大图示、思维导图、概念图、思维地图、流程图、鱼骨图等。这些图式加工信息的方式有两种：自上而下的"概念驱动"与自下而上的"材料驱动"。前者的加工过程为从总体到部分,而后者的加工过程为从部分到总体。马力仲将布鲁姆认知过程的六层次"了解、记忆、创新、使用、剖析、评价"概括为三个阶段即"明确、掌握、应用",从而揭示图式掌握与使用过程为形成、精致、记忆、提取,因此在数学教学中,思维可视化工具在小学阶段多采用思维八大图示,到了中学阶段,使用思维导图的居多。

学生在学习数学尤其是概念学习中存在认知困难,主要是对概念理解不透彻,因而在解决实际问题时存在困难。这些困难归根结底是学生将所学的知识在大脑中零散存储,没有掌握知识的基本结构,没有构成完整的图式。

图式理论强调的恰好是各个知识之间的联系，强调将抽象复杂的知识以简单直观的形式呈现出来，强调通过图式挖掘内在知识点之间的关系和规律。

（二）思维可视化教学模式的程序说明

思维可视化教学模式实施的关键是对数学知识和方法的深度理解和把握，因此思维可视化教学的程序如下：

第一步，确定主旨、绘制图式，此环节一般放在课前预习中完成。即在预习环节中，要求学生利用教材和学习资料，筛选出概念、法则或方法中的主干和支干，作为构建思维可视化图式的根基或中心，然后用线条及文字将基点与各个节点或节点与节点之间连接，初步构建出思维可视化图式的框架。这样，学生在预习中对整个教学内容有了自我的清晰了解，同时教师也可从学生上交的思维图式中发现学生的问题和难点所在，及时调整课堂教学的策略和重点，提高课堂的效率和深度。

第二步，展示思维可视化图式，交流完善。学生将预习中设计的图式在小组内进行相互展示和释疑，并绘制出代表本组共同意愿的思维图式，由组长（或其他组员）在班内向全体师生进行汇报讲解，同时提出本组不能解决的问题或还存在的疑惑，同老师或其他组学生进行交流和研讨。

第三步，教师点评，完善导图。教师针对各小组的问题和思维图式中每个节点的内容和思考，进行逐一梳理、组织和分析，拓展相关知识要点，由点到面，组织整个内容体系，使复杂抽象的内容能够层次清晰地表达出来，使学生可以准确把握学习内容的要点和核心，进一步增强知识点之间的逻辑性，同时完善导图的设计。

第四步，应用思维可视化图式，创新思考。学生根据自己对思维导图的理解和掌握，应用到以往有难度的问题或开放性问题的解决中，体验图式在启发思考和创新思考中的价值，同时充分让学生表达自己的观点和看法，培养学生的审辩式思维和创新性思维的能力。

思维可视化教学模式的一般流程是（见图5-11）：

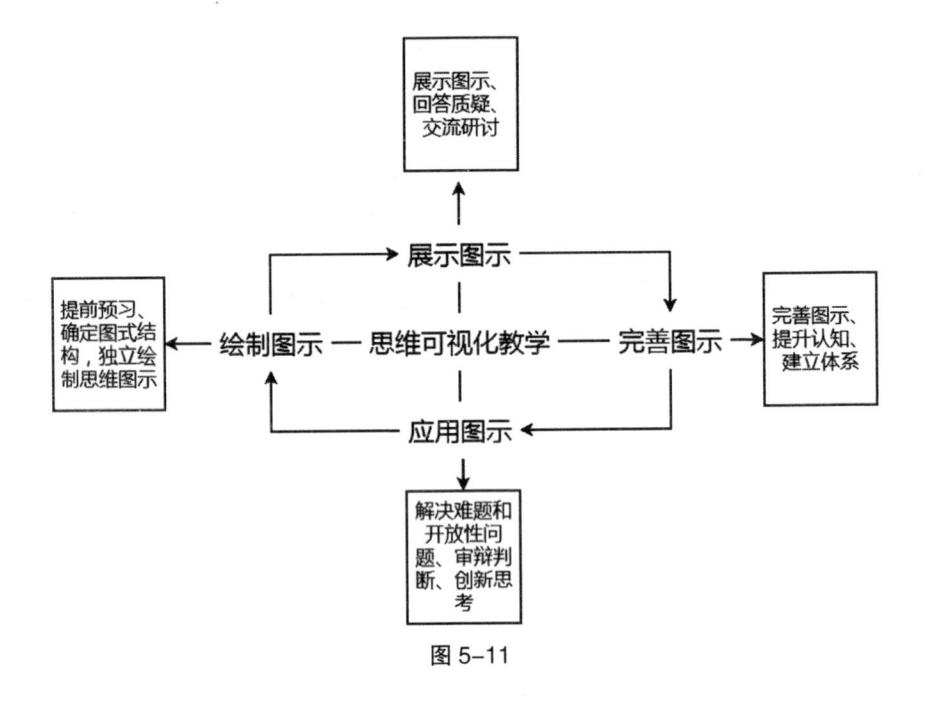

图 5-11

（三）思维可视化教学模式的案例分享

1. 案例背景

案例课题是《相似三角形》第一节，选自人教版九年级下册。本节内容主要是在学习了全等三角形后，进一步探索研究相似三角形的性质，从而达到对相似三角形的定义、判定和性质的全面研究。从知识的前后联系来看，相似三角形可看做是全等三角形的拓广，相似三角形的性质研究也可看成是对全等三角形性质的进一步拓展研究。另外相似三角形的性质还是研究相似多边形性质的基础，也是今后研究圆中线段关系的有效工具。

2. 教学实施

（1）确定主旨、绘制图式。

提前让学生预习《相似三角形》的内容，对比《全等三角形》的学习过程，思考相似三角形的学习内容、学习结论、学习方法，并类比全等三角形的学习任务，整理出相似三角形学习的思维导图（如图 5-12）。

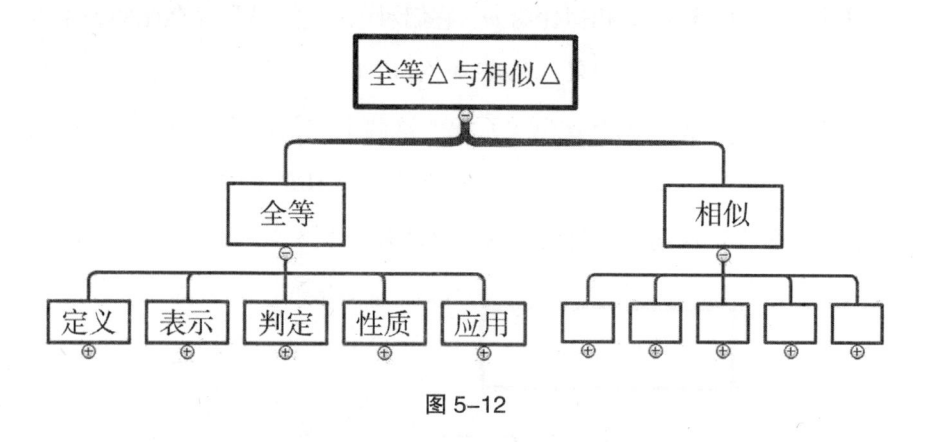

```
                    ┌─────────────┐
                    │ 全等△与相似△ │
                    └──────┬──────┘
              ┌────────────┴────────────┐
          ┌───┴───┐                 ┌───┴───┐
          │ 全等  │                 │ 相似  │
          └───┬───┘                 └───┬───┘
    ┌────┬────┼────┬────┐      ┌────┬────┼────┬────┐
  ┌─┴┐ ┌┴─┐ ┌┴─┐ ┌┴─┐ ┌┴─┐  ┌┴┐ ┌┴┐ ┌┴┐ ┌┴┐ ┌┴┐
  │定│ │表│ │判│ │性│ │应│  │ │ │ │ │ │ │ │ │ │
  │义│ │示│ │定│ │质│ │用│  │ │ │ │ │ │ │ │ │ │
  └──┘ └──┘ └──┘ └──┘ └──┘  └─┘ └─┘ └─┘ └─┘ └─┘
```

图 5-12

（2）图式展示，交流完善。

学生将预习中设计的图式在小组内进行相互展示和释疑，并绘制出代表本组共同意愿的思维图式，由组长（或其他组员）在班内向全体师生汇报，诠释本组图式所体现的知识框架，以及学习思路（如图 5-13）。

（3）应用图示、创新思考。

教师利用图 5-13，引导学生探究相似三角形的定义与全等三角形的定义是完全重合的，也就是对应边相等、对应角相等，因此探索相似三角形的定义能不能类比全等三角形的定义，从边角的关系来描述？

教师利用图 5-13 引导学生思考相似三角形的判定条件：判定三角形全等的思路是定形状、定大小，因此类比全等三角形判定的思路，相似三角形的判定重在定形状，那么需要满足什么条件能够确定三角形的形状呢？也就引出以下问题：如果两个三角形只有一个角相等，那么，它们一定相等吗？如果两个角相等呢？三个角呢？如果 $\triangle ABC$ 与 $\triangle A'B'C'$ 有两条边成比例，它们一定相似吗？三条边成比例，它们一定相似吗？如果 $\triangle ABC$ 与 $\triangle A'B'C'$ 有两边成比例，任一角相等，那么这两个三角形一定相似吗？

教师利用图 5-13，引导学生思考相似三角形的性质：两个全等三角形的三线、（高、中线、角平分线）周长和面积对应相等，那么两个相似三角形的对应边成比例，会对三线、周长与面积有什么影响呢？也就引出一个问题：

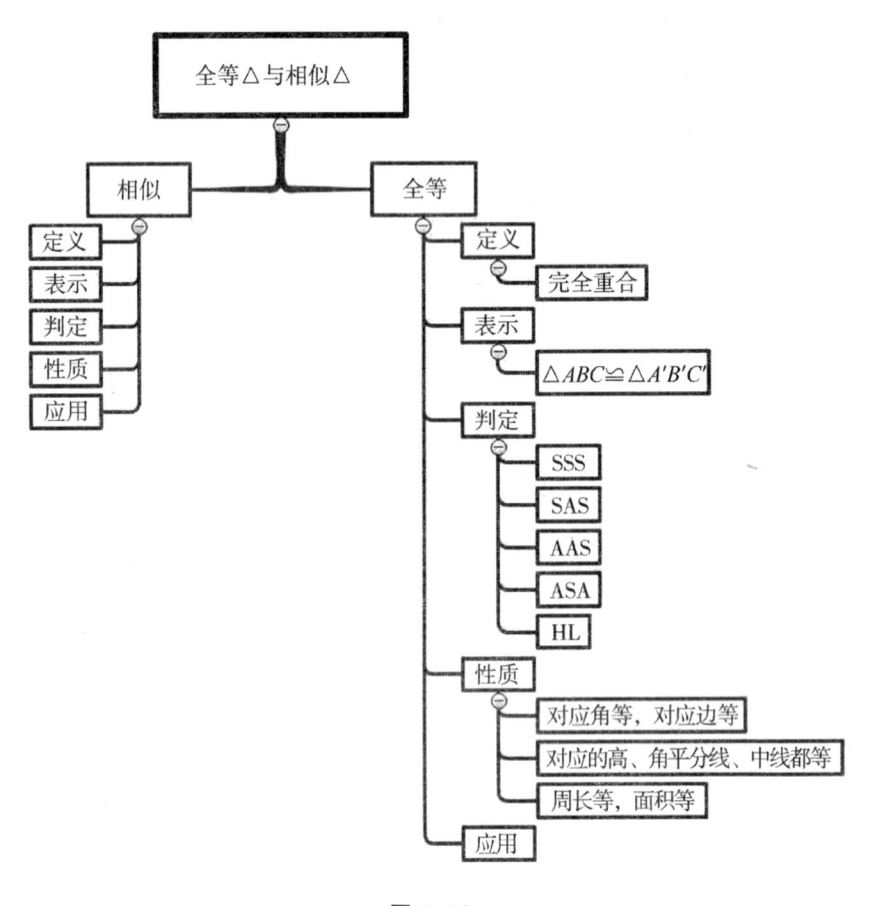

若△ABC∽△A′B′C′，相似比为m，它们对应的"三线"存在比例关系吗？如果有，有怎样的关系？如果△ABC∽△A′B′C′，相似比为2，△ABC的周长与△A′B′C′的周长有比例关系吗？这两个三角形的面积比有比例关系吗？如果△ABC∽△A′B′C′，相似比为m，△ABC的周长与△A′B′C′的周长比是多少？这两个三角形的面积比是多少？

图 5-13

这样建构《相似三角形》一节完整的知识框架，不仅看到了与《全等三角形》知识的关联性，同时为后续研究提供了方向和路径。

（四）思维可视化教学模式的实践反思

1. 思维图式使教学思路更清晰

教师新课的教学思路关系到整个新课课堂的逻辑走向。教师教学思路越清晰，展示的知识发生发展逻辑就越清楚。思维图式可以帮助学生构建"内容框架"，完成对知识的梳理，并轻松地找到新知与旧识的契合点，搭建新旧知识联系的桥梁，引发类比思考或逻辑思考，发现其中的思想方法。也就是说，学生构建、完善、深化"思维图式"的过程就是自主体验知识发生发展逻辑、把握教学重难点、体会数学思想的过程。

2. 思维图式的局限性

教师利用思维图式可以熟悉教学流程，加强问题的针对性，学生利用思维图式可以激发思考，调动兴趣，串联知识逻辑线，但是对教学经验丰富、熟悉教学流程且提问指向明确的老师，对知识水平高、数学思维好的学生而言，思维图式的价值不能很好地体现，反而会画蛇添足。

第二节　创建校本课程链

《数学审辩式思维课程》是学校开发的校本课程。它通过数学中的概念、操作、观点、史事以及数学教学中的真假理解、常见谬误，培养学生的审辩式思维以及创新性思考能力。

在审辩式思维的建构发展中，质疑是前提，论证是发展，创新是成果，它们环环相扣，序列展开，最终完成审辩式思维的整体架构。对于数学学科来说，质疑无疑是审辩式思维建构的难点，更是审辩式思维培养的起点。

《数学审辩式思维课程链》就是紧紧抓住审辩思维建构的"质疑"环节，从激发、指引、加强、助攻、应用等五个方面着力，以环节链接的方式从现代逻辑的高度处理传统逻辑内容，建构以逻辑质疑、逻辑分析、逻辑推理、逻辑论证理论与方法为核心的内容体系，探索数学逻辑的内在规律以及要遵守的基本法则、要运用的基本方法以及有效的数学工具，推动审辩式思维在数学教学中的渗透和塑造。

一、激活质疑意识——课程《是真的吗？——数学中的伪命题》

质疑是审辩式思维建构的第一步，没有质疑的存在，就没有后续论证和完善的必要，也就没有了审辩式思维和创造性思考的"根"。

（一）课程背景

命题，是指陈述一件事情的语句，表明的是一种观点，一种论断。它可分为两种：真命题和伪命题。所谓真命题，就是指符合客观事实或客观规律，并且被证明为正确的命题，例如，"地球为圆的""质量守恒定律""对顶角相等""三角形内角和为180°""n边形外角和为360°"。所谓伪问题，又可分为两类：一类是不符合客观事实或客观规律，并且已经被证明是错误的命题，称为假命题，如"人会飞""$5>2$"等；另一类伪命题是指不真实的命题，无法断定其真假，既不是先天的分析命题，也不是可以通过经验判断的综合命题。比如，"团结比原子弹还厉害""凡事都有例外""哥德巴赫猜想"。

审辩式思维的前提是质疑。对于数学来说，培养学生质疑精神的最好路径就是经历命题论证真伪的过程。主要方法有三：一是体验真命题的发展和论证过程，因为所有真命题都是由伪命题不断修正、论证、完善的，其间凝聚了无数数学家的质疑和智慧；二是寻找反例，说明假命题的不正确，恰当的反例是培养质疑兴趣的最好回馈；三是了解现今事实和规律不能判断的伪命题，用自己的思考去靠近当今数学世界深层思维的壁垒，埋下创新的种子，为数学的学习保持永久原动力。

其实对于很多的数学猜想，即使数学家费尽方法和精力都未必能够证明其正确性，但是若有人能够举出一个反例，这个问题便可得到解决。例如，费尔马数 $F_n=2^{2^n}+1$ 是以数学家费尔马命名的一组自然数，所有具有形式 $2^{2^n}+1$

的素数必然是费尔马数，这些素数称为费尔马素数，已知的费尔马素数只有F_0至F_4五个。100多年后，欧拉否定了这一猜想，指出当 $n=5$ 时，有分解式：

$$F_5=2^{2^5}+1=4294967297=641\times 6700417$$

这一反例直接导致了费尔马猜想的不成立。

因此，列举反例、寻找反例、构造反例是激活质疑最常用的方法。反例不是错误的例子，它依然需要符合已有的逻辑和事实，是用本身正确的例子来说明其他命题的不正确性。由于学生平时接触的命题大多是真命题，因此思维的惯性是寻求论证的正确性，反例正好弥补了学生这一思维惯性的缺陷，让学生从另外一个角度去思考，去优化已有的认知结构，特别是在精神层面上极大地鼓舞了学生质疑的勇气和信心，因为一个错误概念的解决能够催人奋进，一个错误判断的落实能使人豁然开朗，一个错误推理方法的矫正能使人回味无穷，反例就像黑夜中的星星给人以希望，就像大海中的航灯，照出海底的暗礁，它让每一个命题的理解都变得深刻而宽阔，让每一次经历都惊喜连连，让人愉悦前行。

本课程就是通过一个个精彩的反例，激活学生质疑的意识和欲望的。

（二）课程纲要

1. 课程目标

（1）通过反例，能正确理解数学命题的内涵和外延，提升数学认知的严密性、系统性和逻辑性，为数学命题的合理运用打下扎实的基础。

（2）克服思维定式，提升质疑能力，掌握构造反例的基本方法，完成对伪命题进行判断和论证的体验。

（3）通过伪命题的研讨和论证，培养学生时刻以一种诚实的态度对待所面临的问题，不畏权威，不唯理论，独立思考，勇于质疑，突破常规的审辩精神。

2. 课程内容

（1）第一模块：数学概念中的伪命题

数学概念是人脑对现实世界中数量关系和空间形式的本质特征用定义的

形式所做的一种反映和描述，这种描述如果不能被学生准确理解或透彻分析，就会产生概念中的伪命题，从而影响学生对数学的建构、应用和创新。

①模块内容：

a. 代数概念中的伪命题：主要研讨负数、无理数、绝对值、平方根、分式、负指数、一元二次方程、函数、三角函数、因式分解10个概念中的伪命题。

b. 几何概念中的伪命题：主要研讨平行线、三角形、全等形、平行四边形、正方形、相似形、切线、圆、圆周角、弧10个概念中的伪命题。

②教学方法：构造极端或特殊情况下的反例，通过真假的对比实现对伪命题的判断。

（2）第二模块：数学论证中的伪命题

数学论证是由条件推导结论的过程。命题的条件能引发出哪些结论，这些结论是否正确，都需要对数学中的某些定理、公理、性质以及常用结论中的题设和结论做到精准理解和把握，否则就会出现论证中的伪命题，从而造成逻辑上的混乱和意外。

①模块内容：

a. 代数论证中的伪命题：主要研讨绝对值的几何意义、有理数乘法法则、有理数的运算律、增根、最简二次根式、待定方程、列方程解应用题、二次函数与一元二次不等式的关系、二次函数的图像、最值问题10个论证中的伪命题。

b. 几何论证中的伪命题：主要研讨三角形的三边关系、三角形的"三线"、三角形的"五心"、等腰三角形的特殊线、轴对称图形的性质、勾股定理、正方形的特殊性、相似形的扩大和缩小、图形的变换、圆幂定理10个论证中的伪命题。

②教学方法：根据对象本质属性构造反例，让学生看到逻辑上的缺陷，从而实现对伪命题的判断。

（3）第三模块——概率统计中的伪命题

概率是指随机事件发生的可能性，统计是指事件发生的情况汇总，两者都和生活紧密结合，同时又在日常生活、自然科学、技术科学、人文社会科学及经济管理等方面有着广泛的应用。由于现实中的情况千变万化，统计分析和概率大小变得灵活、复杂、多样，如果不能正确分析数据，那么得到的结论就会大相径庭。

①模块内容：

a. 概念中的伪命题：主要研讨中位数、众数、方差、加权平均数、概率、频率、抽样调查等概念中出现的伪命题。

b. 应用中的伪命题：主要研讨概率和频率的关系、对"权"的理解、方差和极差的使用区别、树状图、概率的理解、最优方案、扇形统计图的圆心角与频率之间的关系等运用中的伪命题。

②教学方法：构造极端或特殊情况下的反例，通过真假的对比实现对伪命题的判断。

(4) 第四模块：数学中的三次危机

数学在发展过程中经历了三次危机，这三次数学震荡都是由于对原有结论产生质疑而引发的。这些质疑有的被证明是正确的，从而引领数学学科进入一个更高发展空间，如第一次危机；有的到现在还没有被证明是正确的还是错误的，只能成为数学中的伪命题，指引着新一辈的数学人不断突破思维定式，寻找新的破解方法。

①模块内容：

a. 数学的第一次危机：本节内容主要让学生了解毕达哥拉斯悖论，并经历毕达哥拉斯的学生——希伯斯发现第一个无理数的过程，希伯斯发现等腰直角三角形两直角边为1时，斜边永远无法用最简整数比即有理数来表示，从而发现了第一个无理数，同时了解希伯斯的发现对数学的重大意义，以及他为数学献身的精神（由于推翻了毕达哥拉斯的著名理论，因此他被毕达哥拉斯派的人抛入大海）。

b. 数学的第二次、第三次危机：主要让学生认识贝克莱悖论和罗素悖论的具体内容，了解他们的质疑以及现在无法克服的问题，和目前数学家们应对这些未知的漏洞所创立的新的学派,从而培养学生学习数学的兴趣和远大目标。

②教学方法:体验式和沉浸式学习相结合,真正体会数学的每一次思维变动。

(5)第五模块:数学学习中的伪问题

数学学习是一个不断修正自我理解的过程,眼见不一定为实,耳听不一定为虚,论证不一定符合规律,个人思考不一定符合逻辑,但这些学生无法自我判断的伪命题都将成为激发学生质疑的资源,让学生感受到数学质疑、数学论证、数学创新的乐趣和意义。

①模块内容:

a. 数学解题中的伪命题:主要对学生在解题中暴露出来的个性思考、个性想法、个性理解和个性探索进行解析和判断,形成学生自愿推行的新方法。

b. 数学经验中的伪命题:主要研讨"列方程解应用题比列算式更简便""题海战术能帮我们得高分""数学答案比过程更重要""数学的程序化学习更容易让我们成为思维定式的产物"等问题,这些经验的局限性为学生的质疑、修正、创新带来了契机,同时也让科学的学习方法成为群体认知。

②教学方法:辩论和研讨式教学,让学生释放所有的质疑、创新和自我。

(三)课程实施

表5-7　课程实施计划一览表

周次	主题	课题	课型	课时
1	概念中的伪命题	代数概念中的伪命题	讨论	1
2	概念中的伪命题	几何概念中的伪命题	讨论	1
3	论证中的伪命题	代数论证中的伪命题	讨论	1
4	论证中的伪命题	几何论证中的伪命题	讨论	1
5	概率统计中的伪命题	概念中的伪命题	讨论	1
6	概率统计中的伪命题	应用中的伪命题	讨论	1
7	数学中的三次危机	数学的第一次危机	讲授	1
8	数学中的三次危机	数学的第二次、第三次危机	讲授	1

续表

周次	主题	课题	课型	课时
9	数学学习中的伪命题	数学解题中的伪命题	辩论	1
10		数学经验中的伪命题	辩论	1
合计				10

（四）课程评价

重在对学生质疑意识的考察，特别是过程中参与的量化性评价，更让课程的评价精准有指向。

线下课时积分为 1 分 / 课时。

二、引导质疑判断——课程《数学思想漫谈》

质疑是审辩式思维建构的第一步，但是当质疑被激活后，学生马上会遇到的问题就是：我的质疑是否正确？是否有一定的理论支撑？如果有，是否可以借鉴一些思考方向？这些问题都使得数学思想的出现成为必然。数学思想就是数学在不断探索时所形成的一些判断质疑的思考方式，它将引领着学生的质疑走向肯定，走向光明。

（一）课程背景

数学思想，是指现实世界的空间形式和数量关系反映到人们的意识之中，经过思维活动而产生的结果。也就是说，数学思想是对数学知识的本质和数学规律的理性认识，是从某些具体的数学内容和对数学的认识中提炼出来的数学观点，它在认识活动中被反复使用，是建立数学和应用数学解决问题的指导思想。

初中数学中的函数思想、方程思想、化归思想、分类思想、最优化思想等，这些最常见、最基本的数学思想都是从具体的数学认识过程中提炼出来的结果或观点，在后续的认识活动中被反复运用，被证实其正确性的。例如，通过求解方程 $2x+3=0$，人们认识到解一元一次方程 $ax+b=0$ 就是要把方程转

化为 $x=A$ 的形式。因此，确认这种认识（化归思想）是解方程的"法宝"。

数学思想具有如下特征：

导向性——数学思想是研究数学和解决数学问题的指导思想，是数学思维的策略。这种导向性表现在它既是数学产生和发展的根源，又是建立数学体系的基础，还是解决具体问题的"向导"。正如日本学者米山国藏指出的："数学的精神、思想是创造数学著作，发现新的东西，使数学得以不断地向前发展的根源。"例如，极限思想是微积分理论的基础，又是解决许多数学问题的重要方法。

统摄性——数学思想对具体的数学知识和方法具有巨大的凝聚力，它是联系知识的纽带，具有纲举目张的作用。数学思想的统摄性主要表现在两个方面：第一，优化数学知识结构。虽然数学知识量的不同是影响学生数学能力的一个方面，但是即使有同样数量的知识点的学生，也会因知识点之间联系结构的差异，导致他们的数学能力发展不平衡。正像金刚石和石墨都是由6个碳原子组成的，但由于碳原子的组合方式不同，前者十分坚硬，后者却非常松软。第二，优化数学认知结构。数学思想在知识转化为能力的过程中起重要的中介作用。学生在学习定义、定理、公式等外显知识时，如果未能了解这些知识所蕴含的数学思想，就很难真正理解知识，就会出现数学知识学了不少，但知识缺乏活性，能力很难得到发展的现象。

概括性——人们的理性认识之所以高于感性认识，是因为理性认识能反映、揭示事物的本质和内在的必然联系，数学思想在这方面具有重要作用。由于数学思想具有较高的概括性，因此有助于深刻揭示数学对象的本质属性，加深对问题的理解。例如，几何中研究各种各样的角，包括两条直线相交所形成的角，两异面直线所形成的角，直线与平面所形成的角等，这些角最终都可以转化为两条相交直线的角来进行度量。数学思想的概括性还表现在能反映数学对象之间的联系和内部规律，例如，二次三项式、一元二次方程、一元二次不等式等问题都可以归纳为一元二次函数图像与坐标轴交点间的问题来进行研究。再如，数学中的配方法、换元法、构造法、参数法等，可以概括为转化思想。

迁移性——高度的概括性导致数学思想具有广泛的迁移性。一方面，这种迁移性表现在数学内部：数学思想是数学知识的精髓，这是数学知识迁移的基础，是沟通数学各部分的桥梁和纽带，是构建数学理论的基石。例如，对几何中有关角的度量的概括性认识可以指导我们对二面角的研究，以及对二面角中平面角概念的建立。再如，由圆内接正多边形边数倍增而趋于圆来求圆面积的极限思想进一步发展为分割求和的微积分思想。另外，这种迁移性表现在数学外部：它还能将数学与其他科学和社会联系起来，产生更加广泛的迁移。例如，公理化思想已经超越了数学理论的范围，而渗透到其他科学领域。17 世纪的唯心主义者斯宾莎仿效《几何原本》的公理化思想，把人们的思想、情感和欲望等作为几何学中的点、线、面来研究，写出了名著《伦理学》；20 世纪 50 年代波兰数学家巴拿赫完成了理论力学的公理化。

在解决具体问题中，数学思想由于这些特征，往往起主导作用，尤其是它为产生一个好念头、好思路、好猜想提供了方向。

（二）课程纲要

1. 课程目标

（1）理解数学思想的价值，掌握六种数学思想的内涵与外延，能够运用数学思想指引质疑的思考。

（2）能用数学思想创新解决遇到的难题，培养创新思考的意识和能力，树立质疑意识，不惧困难，借助数学思想开拓思维和路径。

2. 课程内容

（1）第一模块——数学思想与质疑判断

质疑是基于最具体的数学知识，所谓数学知识，就是指一切数学的概念、原理、法则以及数学语言、数学符号。数学思想蕴含在数学知识形成、发展和应用的过程中的，是数学知识和方法在更高层次上的抽象与概括。一方面数学思想蕴含在数学的知识体系之中，它的突破又常常会导致数学知识的创新；另一方面，数学思想比数学知识更深刻、更抽象地反映着客观事物的内在联系，是数学知识的进一步概括和升华。因此知识是数学的"躯体"，而数学思想就是引导知识生成的"灵魂"。

①模块内容：

a. 数学思想是什么：本节主要介绍数学思想的定义、发展以及利用具体的事例让学生看到面对数学质疑，数学思想所起到的引领作用。

b. 数学思想与质疑判断的关系：本节主要介绍了数学思想与质疑判断的关系，并举例说明，每一次质疑都会产生新的知识，质疑是创新思维的起点。

②教学方法：利用审辩式阅读的方法让学生体会数学历史的发展与进步。

（2）第二模块——质疑判断常用的数学思想

数学思想是数学发现、发明、创新的关键和动力，需要在反复体验和实践中才能逐渐认识、理解，并内化到学生的认知结构之中。数学中的很多思想都是处理数学问题的指导思想和基本策略，理解和掌握这些数学思想，对提高学生的思维水平、真正懂得数学的价值、建立科学的质疑观念等具有无可比拟的作用。

①模块内容：

a. 质疑判断的一般思想——转化思想：本节主要研讨转化思想的主旨，即化复杂为简单、化难为易、化未知为已知，并列举大量例子说明转化思想的具体应用。

b. 质疑判断的预设思想——字母代替数的思想：本节主要研讨字母代替数的思想内涵以及重大意义，并借助字母代替数在计算、代数式、方程与不等式、探索规律中的应用的研讨，体会字母代替数的思想在代数学中克服质疑的巨大力量。

c. 质疑判断的极值思想——特殊化与一般化思想：本节主要研讨特殊化与一般化思想的内涵以及重要作用，并借助特殊值的运用、特殊图形的运用、特殊方法探求定值、一般化思想寻求结论等多个例子来说明特殊化与一般化思想在数学质疑中的运用。

d. 质疑判断的分类思想——分类讨论思想：本节主要研讨分类讨论思想的内涵以及重要作用，并列举绝对值、字母系数、运动引起的讨论、条件引起的讨论、应用题引起的讨论以及分类讨论思想的局限性来说明质疑解决时的作用和价值。

e. 质疑判断的融合思想——数形结合思想：本节主要研讨数形结合的思想内涵以及重要作用，并通过大量例子说明代数问题可以向几何问题转化（数转形），同时几何问题也可以向代数问题转化（形转数），代数与几何领域的双向转化，让问题的解决变得异常灵活。

②教学方法：通过大量实例让学生感受数学思想在质疑判断时的重要作用。

（3）第三模块——质疑判断的创新思想

构造思想是数学中一种极其重要的思想，也是在质疑判断时的一种创新思想。当质疑判断遇到困难时，可以题设条件和结论的特征，抓住反映问题条件与结论之间的内在联系，从中构造出一种相关的数学对象，使问题在新构造的对象中清晰地展示出来，从而借助新的教学对象解决原来的问题。也就是说，先将问题进行抽象分析，构造一个数学模型，并通过对数学模型的处理，进而使这个问题得到解决。

数学中，最重要的数量关系是等量关系，刻画等量关系最重要的工具是方程和函数，其中函数作为刻画现实世界中量与量之间数量关系的重要工具，在初等数学与高等数学中具有极其重要的地位。

运用方程与函数的观点、方法、知识去思考问题，把待解问题转化为方程问题或函数问题，就是方程思想与函数思想，生活中的许多实际问题与数学问题都是运用这种方程与函数思想来解决的。

①模块内容：

a. 质疑判断的创新思想——构造思想：本节主要研讨构造的思想内涵以及重要作用，并通过大量例子说明如何根据题设条件和结论的特征，抓住反映问题条件与结论之间的内在联系，从中构造出一种相关的数学对象，使问题在新构造的对象中清晰地展示出来，从而借助新的教学对象解决原来的问题。

b. 构造方程模型解决质疑判断：本节课主要是认识方程思想，从分析问题的数量关系入手，通过设定未知数，把问题中的已知量与未知量的数量关系用方程或方程组等数学模型表示出来，再利用方程的理论或方法使问题得到解决。使用方程思想分析处理问题，思路往往更清晰、灵活、简便。还可以构建方程模型去解决方程思想。同时本节课还借助方程的思想解决了以下问题：解方程以及含参数方程的讨论、利用方程解决实际问题、可转化为方程（组）求解的讨论。

c. 构造函数模型解决质疑判断：本节课主要是认识函数思想，就是用运动变化的观点，分析和研究具体问题中的数量关系，然后建立函数，运用函数知识使质疑得到解决。这种思想方法在于揭示问题中数量关系的本质特征，重在对问题中的变量进行动态研究，同时借助变量的运动变化，解决问题，借助有关初等函数的性质，解决有关求值、解（证）不等式、解方程等问题；在问题探究中，通过函数关系式或构造中间函数，把所研究的问题转化为讨论函数的有关性质问题。

②教学方法：采用线上线下融合的方法，将从知识到思想的过程展示得更加完整。

（三）课程实施

表 5-8　课程实施计划一览表

周次	主题	课题	课型	课时
1	数学思想与质疑判断	数学思想是什么	讲授	1
2		数学思想与质疑判断关系	讲授	1

续表

周次	主题	课题	课型	课时
3	质疑判断中常用的数学思想	质疑判断的一般思想——转化思想	讨论	1
4		质疑判断的预设思想——字母代替数的思想	讨论	1
5		质疑判断的极值思想——特殊化与一般化思想	讨论	1
6		质疑判断的分类思想——分类讨论思想	讨论	1
7		质疑判断的融合思想——数形结合思想	讨论	1
8	质疑判断的创新思想	质疑判断的创新思想——构造思想	讲授	1
9		构造方程模型解决质疑判断	研讨	1
10		构造函数模型解决质疑判断	研讨	1
合计				10

（四）课程评价

本课程主要是对学生在质疑判断时思考方向的指导，当学生感受到疑惑但不能确定，想质疑但找不到理论依据时，本课程的数学思想和案例可以给学生很多指引。因此本课程的评价更多是对学生思考方向的考察，对数学思想的领悟和使用灵活性的考察，采用过程性评价的方式，进行量化性评价，从而让课程的评价更有意义、更有方向。

采用线上与线下结合的方式进行，以讲授为主的授课放在线上进行，需要研讨和讨论的放在线下进行，课时积分都为1分/课时。

三、加强质疑能力——课程《数学方法训练营》

当质疑通过思想引领得到肯定的判断后，学生接下来的问题就是要将质疑进行解构和论证，从而推动问题审辩式发展。对质疑进行专业的解构和论证，是专业技能，专业经验和专业方法的体现。

（一）课程背景

数学在其漫长的发展过程中，不仅建立了严密的知识体系，而且形成了一套行之有效的数学方法和数学思想。数学方法是数学解疑的行为规则，数学思想是贯穿于数学解疑中的基本精神、思维策略和调节原则，决定着数学解疑活动中主观意识的指向，对方法的取舍与组合进行调节，对培养学生的审辩素质具有重要作用。

方法是人们在认识和实践活动中获得一定成果的方式，是为了解决理论课题和实际问题而采取的手段和操作的总和。所谓教学方法，是人们在数学研究、数学学习和问题解决等数学活动中所采用的各种方式、手段、途径等。

唯物辩证法指出，客观事物间存在着各种联系。数学同其他科学一样，不仅是客观世界在人们头脑中的客观反映，而且以客观世界的存在为其发展的基础，客观事物间的各种联系必然在数学中反映出来。

数学反映客观事物的联系主要有两种方式：第一，数学知识（概念、原理和法则等）反映了客观事物间局部的、具体的联系，数学知识体系是客观事物的纵向联系系统。事实上，数学中的所有概念、原理、法则以及数学符号，都直接地反映着客观事物在某一侧面或局部上的具体的联系。例如，三角形相似的概念反映了三角形在形态方面的联系；函数 $y=f(x)$ 反映了客观事物在运动变化中数量方面的相互联系等。第二，数学方法是客观事物间整体的、普遍的、联系的反映，数学思想与方法体系是客观事物的横向联系系统。例如，比较方法与分类方法是客观事物统一性与多样性的反映，而化归与变换的思想则反映了客观事物的对立统一和一定条件下相互转化的关系。显然，上述统一性与多样性，事物的对立统一与相互转化等都是客观事物间普遍存在的内在联系的表现。

综上所述，数学方法本质上是人们对客观事物间内在联系的一种能动反映，现实世界的各种联系是数学方法的客观基础。因此，数学方法不是人们主观意志的自由创造，而是对事物内在联系和发展规律的科学总结与高度概括。

数学方法发展的动力包括三方面，一是数学方法与数学实践活动的矛盾，二是数学方法与数学活动内容的矛盾，三是数学方法自身的矛盾。这些矛盾和质疑的不断出现和解决，推动着数学方法的不断发展。

例如，公理化方法是古希腊数学家欧几里得首创的，他在《几何原本》一书中运用亚里士多德的逻辑方法，按照公理化结构把零散的几何知识整理成为完整的逻辑体系，从而创立了几何学，对数学的发展有着重要的影响。但是，欧式几何的公理体系存在着许多问题，特别是它的第五公设并不是显然自明的。人们对第五公设的试证和研究，不仅导致了罗氏几何、黎曼几何等非欧几何的诞生，而且也推动着实体公理化方法向形式公理化方法的发展。19世纪末，希尔伯特提出并解决了公理系统的相容性、独立性和完备性三个重要问题，从而使公理化方法进入了新阶段。随着人们对数理逻辑研究的不断深入，现代公理化方法开始向着更加形式化和精确化的方向发展。

可见，数学方法是在自身的矛盾和质疑的运动中逐渐发展和完善起来的，也是解决质疑和矛盾的工具。学习数学方法，不仅让学生再次经历数学家在产生质疑和解决质疑中生成智慧的过程，更提升了学生解决质疑的能力。

（二）课程纲要

1. 课程目标

（1）理解数学方法的价值，掌握基本推理方法和合情推理方法的条件与结论，能够运用数学方法解决质疑的问题。

（2）在应用数学方法解决问题的过程中，拓展质疑解决的路径和角度，提升质疑解决的品质和能力，树立独立思考的意识，培养独立思考的习惯，培养审辩意识和创新的方法。

2. 课程内容

（1）第一模块——质疑解决中的方法体系

人类是通过抽象获得对自然界的认识的，正是通过抽象，我们才能在思想上把个别的东西从个别性提高到特殊性，再从特殊性提高到普遍性，从而能够真正地、深刻地理解和把握现实世界。

作为一门科学，数学是对客观世界空间形式和数量关系进行抽象的产物，数学中的一切理论都是抽象的结果。抽象、逐级抽象、高度抽象是数学的基本特征。因此，抽象是数学活动中最基本的方法。

与物理学、化学、生物学等实验科学不同，数学是一门演绎科学，推理是数学中最重要，最经常的活动。作为数学推理的基本方法，主要是分析法与综合法。

分析法与综合法都是逻辑思维的基本方法。分析法从细部揭示事物的本质，了解事物的内部规律；综合法从总体上把握事物的本质与规律。

①模块内容：

a. 质疑解决的一般方法——抽象法：本节主要学习抽象法的定义以及抽象法的三个步骤：分离—提纯—概括，并通过大量的例子说明数学抽象在质疑解决中使用四种方式"理想化抽象、可能性抽象、弱抽象与强抽象"的不同。

b. 质疑解决的逻辑推理方法——分析法与综合法：本节课主要介绍了分析法与综合法作为逻辑推理方法的不同：分析法从细部揭示事物的本质，了解事物的内部规律；综合法从总体上把握事物的本质与规律。同时用大量例子展示分析法的三种类型：追溯型分析法、构造型分析法、前进型分析法，以及综合法的两个步骤，最后指出分析法和综合法在质疑解决中常常结合使用，起到发散和梳理学生思维的作用。

c. 质疑解决的合情推理方法——归纳法与类比法：本节课主要介绍了归纳法和类比法的不同以及在合情推理中的作用，并用大量例子说明归纳法和类比法在数学质疑解决中的应用，以及在论证过程中的意义。

②教学方法：采用讲授与体验相结合的方式，让学生认同方法的价值，掌握方法运用的条件与环境。

（2）第二模块——质疑解决中的常用方法

质疑解决中常用的数学方法有十多种，他们在质疑解决和质疑论证中起到了非常重要的作用。不仅能让学生快速找到解决的路径，还让学生有成熟的论证步骤。学生只要对这些质疑进行正确归类，就能找到这些质疑所对应的数学方法。

①模块内容:

a. 非负数法与配方法:本节课主要逐一介绍了非负数法和配方法的定义,以及这两种方法使用的范围和条件,并用具体翔实的例子说明这两种方法在质疑解决中应注意的事项。

b. 换元法与待定系数法:本节课主要逐一介绍了换元法和待定系数法的定义,以及这两种方法使用的范围、条件、步骤,并用具体翔实的例子说明这两种方法在质疑解决中对应的问题类型。

c. 判别式法与构造法:本节课主要逐一介绍了判别式法和构造法的定义,以及这两种方法使用的范围和条件,并用具体翔实的例子说明这两种方法在质疑解决中所对应的数学模型以及使用时应注意的具体问题。

d. 消元法与主元法:本节课主要介绍了消元法的概念以及它的指导思想,并用具体例子展示了加减消元、代入消元、整体消元、因式分解消元、构造消元、常数消元等步骤和注意事项。本节课还介绍了主元法的概念,并用具体例子让学生感受到主元法作为一种特殊的解决手段,在质疑解决中的作用。

e. 降次法与定义法:本节课主要介绍了降次法的定义以及它的指导思想,并用具体例子展示了直接开平方降次法、因式分解降次法、换元降次法的步骤和注意事项。本节课还介绍了定义法的概念,并用具体例子让学生感受到定义法在质疑解决中的作用。

f. 因式分解法与参数法:本节课主要介绍了因式分解法的概念以及它的指导思想,并用具体例子展示了提公因式法、公式法、十字相乘法等步骤和注意事项。本节课还介绍了参数法的概念,并用具体例子让学生感受到"参数"为"变数""常数"的转换,从而解决定点、定值、定解问题中存在的质疑。

g. 变换法与传递法:本节课主要介绍了变换法的定义以及它的指导思想,并用具体例子展示了形积变换、运动变换、相似变换、位置变换等变换的步骤与注意事项。本节课还介绍了传递法的概念,并用具体例子让学生感受到等比传递、等积传递在质疑解决中的作用。

②教学方法：采用讲授与体验相结合的方式，让学生认同方法的价值，掌握方法运用的条件与环境。

（三）课程实施

表5-9　课程实施计划一览表

次	主题	课题	课型	课时
1	质疑解决中的方法体系	质疑解决中的基本方法——抽象法	讲授	1
2		质疑解决中的逻辑推理方法——分析法与综合法	讲授	1
3		质疑解决中合情推理方法——归纳法与类比法	讲授	1
4	质疑解决中的常用数学方法	非负数法与配方法	讨论	1
5		换元法与待定系数法	讨论	1
6		判别式法与构造法	讨论	1
7		消元法与主元法	讨论	1
8		降次法与定义法	讨论	1
9		因式分解法与参数法	讨论	1
10		变换法与传递法	讨论	1
合计				10

（四）课程评价

本课程主要是对学生在质疑解决或质疑论证时的方法指导，因此本课程的评价更多是对学生质疑解决的能力，对数学方法的领悟和使用灵活性的考察，采用过程性评价的方式，进行量化性评价，从而让课程评价更有意义、更有方向。

采用线上与线下结合的方式进行，以讲授为主的授课放在线上进行，需要研讨和讨论的放在线下进行，课时积分都为1分/课时。

四、助攻质疑探究——课程《探究工具大集合》

数学是客观世界中数量关系与空间形式在头脑中的反映，具有高度抽象、高度概括的特点。当学生要对数学中的疑惑或质疑进行探究时，现代化的科学手段无疑是助攻的利器。

(一)课程背景

数学是思维的体操,具有高度抽象、高度概括的特点。数学学习发展至今,与现代学习理念及要求间有着诸多不相适应的地方,学习媒介单一、学习手段单一、学习方式中融合现代信息技术手段的应用范围有待进一步拓展、教师的教与学生的学互动性不强等,这些都阻碍着或制约着学生遇到问题或有质疑时,进行自我探究论证的发展。

应用某些现代化技术手段,有效展示思维抽象活动、提高思维效能、延伸思维深度,把抽象思维过程变成具体可视化的图像,从而让质疑解决时的思考过程可视、可研、可调、可享,更便于解决方法和思维建构的共享与研讨。

数学中助攻质疑探究的工具主要有三类:

1. 思维可视化工具

思维可视化是指运用一系列图示技术把本来不可视的思维(思考方法和思考路径)呈现出来,使其清晰可见。被可视化的思维更有利于理解和记忆,因此可以有效提高信息加工及信息传递的效能。

实现思维可视化的技术主要包括两类:图示技术(思维导图、模型图、流程图、概念图等)及生成图示的软件技术(Mindmanager、mindmapper、FreeMind、Sharemind、XMIND、Linux、Mindv、imindmap 等)。随着思维可视化技术的发展,其在各领域的应用越来越广泛,越来越深入,比如在商业领域出现的可视化思考会议;在教育领域出现的思维可视化教学;在科研领域出现的思维可视化研究等。

2. 图形计算器

图形计算器通常指一种能够绘制函数图像、解联立方程组以及执行其他各种操作的手持计算器,大多数图形计算器还能编写数学类程序。由于它们的屏幕较大,因此也能够同时显示多行文本。

一些图形计算器甚至有彩色显示或三维尺规作图功能。由于图形计算器可以编程,因此一些电脑软件也可以完成图形计算器的功能。

3. 几何画板

"任意三角形 ABC""点 P 在圆 O 上的运动过程中""周长固定的长方形"，这些都是我们常用的几何语言。这些语言所对应的情景，在传统教学手段下，只能要求学生充分发挥想象能力。相对于我们所生活的多姿多彩的空间而言，高度抽象化了的语言以及图形对于刚学习数学的学生来说是难以接受的。

计算机的出现使这种现象渐渐发生改变。利用计算机所作的图形不仅直观、形象，而且具有动态性，易于观察和理解。

若利用计算机所作的几何图形，在被拖动过程中仍保持几何性质不变，如三角形还是三角形、圆上的点还是圆上的点、平行还是平行、垂直还是垂直、中点还是中点，那么这样的图形就称为动态几何图形。构造动态几何图形的计算机软件，就叫作动态几何软件（dynamic geometry software）。

"几何画板"就是一个动态几何软件，它能够动态地展现出几何对象的位置关系、运行变化规律，它操作简单，界面简洁，可以精确度量长度和角度等，而且在演示过程中还可以实时调节图像。

几何画板中对象之间的关系就如同生活中父母与子女的关系，如果改变"父母"的位置或大小，为了保持与"父母"的几何关系，作为"子女"的，几何对象也要随之变化。例如，先作两个点，再作线段，那么作的线段就是那两个点的"子女"。再如，先作一个几何对象，再基于这个对象用某种几何关系（平行、垂直等）或变换（旋转、平移等）作另一个对象，那么后面作的几何图形就是前面的"子女"。

（二）课程纲要

1. 课程目标

（1）了解并掌握思维工具、图形计算器、几何画板的常用功能，能运用这些工具绘出所需要的图形，探究或论证质疑中出现的问题。

（2）利用现代信息化工具完成"学数学"到"做数学"的转变，培养学生探究兴趣、动手能力、思维创新、审辩思考的习惯和能力，同时提升团队精神和合作意识。

2. 课程内容

（1）第一模块——思维可视化工具

传统的学习模式把时间主要用在感知记忆层面，这是一种重复训练机械记忆的方式，思维可视化工具重新将学习聚焦在思维层面，侧重于知识表征背后的思维规律、思考方法、思考路径，在可视化的过程中更强调对思考方法和思考路径的梳理及呈现，从而让学习回归到对人的教育。

本模块主要介绍的思维可视化工具有：八大思维图示、思维导图、概念图以及 ProcessOn 软件。

①模块内容：

a. 八大思维图示——圆圈图、气泡图、双气泡图、树形图、括号图。大脑思考问题的运作方式，有着它自己一贯的运行轨迹。思维图示，就是将这种运行轨迹外化出来的工具，本节课主要学习八大思维图示的前两类图示——发散方向的树形图和收敛方向的括号图，并借助这五种图示对数学中存在质疑的问题进行梳理和探究。

b. 八大思维图示——流程图、复流程图、桥形图。本节课主要学习八大思维图示的后两类图示——线性方向的流程图、复流程图和非线性方向的桥形图，并借助这三种图示对数学中存在质疑的问题进行梳理和探究。

c. 思维导图：思维导图是表达发散性思维的有效图形思维工具，运用图文并重的技巧，把各级主题的关系用相互隶属与相关的层级图表现出来，把主题关键词与图像、颜色等建立起记忆链接。它简单又很高效，是一种实用的思维工具。本节课主要学习了思维导图的结构、绘制、框架以及它在梳理思维方面的特点，犹如大脑中的神经元一样互相连接，属于个人的数据库，本节课将指导学生运用思维导图进行质疑问题的探索与解决。

d. 概念图：概念图是一种用节点代表概念，用连线表示概念间关系的图示法，多用于复杂概念之间的梳理，是头脑风暴惯用的一种思维碰撞和分享的方式。它由节点、链接、文字标注组成，体现层级性、交叉性、理性和情感融合的特点。本节课将学习概念图的结构和绘制步骤，并与思维导图进行对比，总结出概念图在思维可视化方面的特点，最后用概念图对单元中的概念进行梳理和质疑。

e. ProcessOn 软件：ProcessOn 是一个在线协作绘图平台，功能强大、方便易用。ProcessOn 软件可以在线创作流程图、思维导图、概念图、组织结构图、网络拓扑图等图示，有现成模版，可以直接使用也可以自由拼接和创作。本节主要学习在线制作流程图、思维导图和概念图等图示，熟练掌握工具的运用技巧，并用三种可视化工具展示质疑问题以及解决方向。

②教学方法：采用体验式与沉浸式学习相结合的方式，让学生认同工具的价值，掌握工具运用的条件与程序。

（2）第二模块——图形计算器

和思维可视化工具不同，图形计算器是一种知识探索化的工具，它创设了一种直观教学手段和一个实验研究的环境。学生可以更多地借助于便捷的计算、直观的图形和仿真的模拟，进行数学的实验和探究，可帮助学生发现数学的结论和理解数学的本质，并进行更加广泛的数学实践和应用。同时，利用图形计算器，学生可以随时随地进行数学的实验、探索和研究。也就是说，图形计算器使学生拥有了一个移动的数学实验室，学生不仅能在课堂上用图形计算器学习数学，而且可以携带图形计算器，随时随地研究、解决数学问题，也在课外可以继续进行自身的体验、探究和实践，因而有一个充分发挥自主性和创造力的空间。

图形计算器的主要功能体现在数值运算、作图、统计、金融、程序、计算器应用程序 Aplets 的扩充等方面。本模块主要学习数学学习中常用的数值运算、数据处理和动态图像处理的功能，涉及现行数学课程的主要领域，学生可以采用自主学习方式，通过独立思考、自主实践、合作交流，获得更具个性的知识与能力。

①模块内容：

a. 认识图形计算器——作图功能：本节课主要学习图形计算器的基本功

能和结构，掌握绘制函数图像、探究函数变换的基本操作流程，并用图形计算器的作图功能解决函数中的质疑问题。

b. 认识图形计算器——统计功能：本节课主要学习图形计算器的统计功能，掌握统计图、统计表、统计曲线的各种制作技巧，以及根据图表中的数据执行统计计算得到相应结论的使用过程，并对统计中的质疑问题进行实验探究和解决。

②教学方法：采用体验式与沉浸式学习相结合的方式，让学生认同工具的价值，掌握工具运用的条件与程序。

（3）第三模块——几何画板

几何画板是一个动态几何软件，它能够动态地展现出几何对象的位置关系、运行变化规律，它操作简单，界面简洁，可以精确度量长度和角度等，而且在演示过程中也可以实时调节图像。

几何画板可以说是专门为数学学习与数学需要设计的软件，有人说它是电子圆规，有人说它是电子绘图仪，有人说它是数学实验室，这都说明几何画板可以帮助我们解决很多数学中的作图问题，可以动态地表示图形之间的数量关系和位置关系，也可以设计出富有创新性和想象力的图形作品。

①模块内容：

a. 认识作图工具：本节课主要学习基本的作图工具，如工具框、构造菜单、变换菜单的使用，并通过作直线、三角形、二次函数图像等图形熟识基本工具的应用。

b. 认识动作按钮：本节课主要学习常规的动作按钮，如动画、移动、隐藏/显示、系列、链接、滚动等6个功能，生成可操作按钮的命令，通过这些命令做出相应功能的按钮，再利用这些按钮对相关对象进行操作。

c. 认识智能化菜单：本节课主要是让学生了解几何画板中的所有命令都可以在菜单栏中找到，熟识如合并与分离、构造等常见的几个命令，并利用这些命令去创设图形。

d. 认识参数的奇妙：本节课主要是通过大量例子让学生了解参数是不同

于度量值和计算值的，是能够独立存在的一种数值，使用参数可以进行计算、构造可控制的动态图形，建立动态的函数解析式，控制图形的变换，控制对象的颜色变化。

②教学方法：采用体验式与沉浸式学习相结合的方式，让学生认同工具的价值，掌握工具运用的条件与程序。

（三）课程实施

表 5-10　课程实施计划一览表

周次	主题	课题	课型	课时
1	思维可视化工具	八大思维图示——圆圈图、气泡图、双气泡图、树形图、括号图	体验	1
2		八大思维图示——流程图、复流程图、桥形图	体验	1
3		思维导图	体验	1
4		概念图	体验	1
5		ProcessOn 软件	体验	1
6	图形计算器	认识图形计算器——作图功能	体验	1
7		认识图形计算器——统计功能	体验	1
8	几何画板	认识作图工具	体验	1
9		认识动作按钮	体验	1
10		认识智能化菜单	体验	1
11		认识参数的奇妙	体验	1
合计				11

（四）课程评价

本课程主要是对学生质疑解决或质疑论证时的工具学习和指导提升，因此本课程的评价更多是对学生动手能力的考察，是对现代化信息工具的领悟和使用灵活性的考察，采用过程性评价的方式，进行量化性评价，从而让课程评价更有意义、更有方向。

采用线上学习与线下体验结合的方式进行，课时积分都为 1 分 / 课时。

五、创新审辩应用——课程《〈九章算术〉"十问"》

《九章算术》是中国古典数学最重要的著作，也是我国现存最早的数学专著。作为一部世界数学名著，《九章算术》早在隋唐时期就已传入朝鲜、日本，被译成日、俄、德、法等多种文字。

（一）课程背景

《九章算术》因全书共有九章而得名，每章的主要内容分别是：

第一章——方田：主要讲述了平面几何图形面积的计算方法。包括长方形、等腰三角形、直角梯形、等腰梯形、圆形、扇形、弓形、圆环这八种图形面积的计算方法。另外还系统地讲述了分数的四则运算法则，以及求分子、分母最大公约数等方法。

第二章——粟米：谷物粮食的按比例折换；提出比例算法，称为今有术。

第三章——衰分：比例分配问题。衰分章提出比例分配法则，称为衰分术。

第四章——少广：已知面积、体积，反求其一边长和径长等；介绍了开平方、开立方的方法。

第五章——商功：土石工程、体积计算；除给出了各种立体体积公式外，还有工程分配方法。

第六章——均输：合理摊派赋税；用衰分术解决赋役的合理负担问题。今有术、衰分术及其应用方法，构成了包括今天正反比例、比例分配、复比例、连锁比例在内的整套比例理论。西方直到15世纪末以后才形成类似的全套方法。

第七章——盈不足：双设法问题；提出了盈不足、盈适足，不足适足、两盈，两不足三种类型的盈亏问题，以及若干可以通过两次假设化为盈不足问题的一般问题的解法。这也是处于世界领先地位的成果，传到西方后，影响极大。

第八章——方程：一次方程组问题；采用分离系数的方法表示线性方程组，相当于现在的矩阵；解线性方程组时使用的直除法，与矩阵的初等变换一致。这是世界上最早出现的完整的线性方程组的解法。直到17世纪西方才由莱布尼兹提出完整的线性方程的解法法则。这一章还引进和使用了负数，并提出了正负数的加减法则，与现今代数中的法则完全相同；解线性方程组时实际还施行了正负数的乘除法。这是数学史上一项重大的成就，第一次突破了正数的范围，扩展了数系。外国则是到了 7 世纪，印度的婆罗摩笈多才认识负数。

第九章——勾股：利用勾股定理求解的各种问题。其中的绝大多数内容是与当时的社会生活密切相关的。提出了勾股数问题的通解公式：若 a、b、c 分别是勾股形的勾、股、弦，则 $m>n$。在西方，毕达哥拉斯、欧几里得等仅得到了这个公式的几种特殊情况，直到 3 世纪，丢番图才取得相近的结果，这比《九章算术》晚了近 3 个世纪。勾股章中还有些内容，对西方来说已是近代的事了。例如勾股章最后一题给出的一组公式，到 19 世纪末才由美国的数论学家迪克森得出。

教育部在《国家中长期教育改革和发展规划纲要（2010—2020 年）》中对义务教育阶段各学科的课程标准进行了修订。其中，数学课程标准的一个重要变化是建议将《九章算术》列为教材内容。

《九章算术》全书共包括 246 个应用问题，内容涉及生活的方方面面。也涉及了近百条一般性的抽象公式、解法，涉及算术、代数、几何等多方面的知识。然而，《九章算术》亦有其不容忽视的缺点，就是没有任何数学概念的定义，也没有给出任何推导和证明。直到魏景元四年（263 年），刘徽给《九章算术》作注，才弥补了这个缺陷。

本课程将从概念表述、论证依据、推导程序三个方面切入，通过审辩式阅读和审辩式辩论，提出新时代下的《〈新九章算术〉"十问"》，从而培养学生不畏权、不畏师，坚持审辩意识和审辩精神，在体味传统文化魅力的同时，培养应用审辩和创新审辩的能力。

（二）课程纲要

1. 课程目标

（1）了解《九章算术》这一巨著的内容和价值，仔细研读文中的批注，找到批注中概念、原理和程序与现代数学中的融汇点,由此引发一个问题,并用审辩式思维方式进行解决。

(2)利用《九章算术》中的"十问",培养学生应用审辩思维的意识,提升审辩思维能力,同时树立不畏权、不畏师,独立思考、坚持自我的个性和品质。

2. 课程内容

①内容设计

第一问:分母为0无意义,是否无意义在数学中就是不存在?

本节课主要通过分数的出现,让学生体会创造性思维在数学中的价值,同时拓展极限思想,最终提出第一问,并由学生自由选择正方和反方,进行辩论,最终得出无意义在数学中的内涵。

第二问:统一度量衡,加速了各国的沟通和交易,但却丧失了本土的传统和文化,这样做的价值大吗?

本节课主要通过《九章算术》中谷物折换中的内容,学习古代测量的基本单位"度、量、衡"的内涵,以及折算要求,在感悟古人精思巧妙、充满智慧的同时,也不禁感叹:"统一度量衡,虽方便了交易,但却丧失了各国的传统和文化,这样做对吗?"请学生自由选择正方和反方,进行辩论,以此促进审辩式思维的建构。

第三问:《九章算术》原题"今有丝一斤价值三百四十三。今有丝七两一十二铢,问得钱几何?"此题也在明朝出现过,请用数据说明明朝和东汉的测算单位的异同,并据此分析哪个朝代的经济更富足。

本节课主要研究比值和比例的关系,从而引出各国度量单位的不同,同一个题目,发生在不同的年代,得到的运算结果不一样,从而引出:"度量单位在各个朝代都不同,能否有数据说明哪个朝代的经济更富足?"并请学生自由选择正方和反方,进行辩论,以此促进审辩式思维的建构。

第四问:本章只是给出了开平方和开立方的估算方法,真正发现无理数的是西方的毕达哥拉斯的徒弟希伯斯,为此他付出了生命,你觉得希伯斯的付出值得吗？

本节课主要研究了开平方、开立方的笔算法，并与现代求平方根和立方根的方法进行对比，感受到古人估算的智慧，但是《九章算术》中并没有明确提出无理数或无限不循环小数的概念，这就引出一系列问题："第一个发现无理数的人是谁？他是怎么发现的？他的结局是什么？他的牺牲是否值得？"请学生对"希伯斯的牺牲是否值得"这个问题进行辩论，自由选择正方和反方，以此促进审辩式思维的建构。

第五问：能否针对土石工程、体积计算的背景，举出一个反映当下民风民俗的应用题，并对比古法，说明古今处理方法的异同？

本节课是通过生活中的事例展现开方运算在生活中的运用，并总结出一些常用的土石工程、体积计算以及工程分配方法。同现今数学只呈现给学生一个孤零零的"公式骨架"相比，原本活生生的、有血有肉的、富有文化意蕴的、鲜活的、生动的数学知识都被淹没在数学课程的形式化、结构化、演绎性的体系之下。一般来说，《九章算术》中的题目大多立意广泛，能切实反映那个年代人们的衣食住行以及社会的民风、民俗等特征。这就引出一个问题："能否针对土石工程、体积计算的背景，举出一个反映当下民风民俗的应用题，并对比古法，说明古今处理方法的异同？"并进行智慧分享，研讨，辩论，以此促进审辩式思维的建构。

第六问：对比古代赋税和现代赋税的规则，你能提出什么建议？

本节课主要是解决合理摊派赋税问题，即用衰分术解决赋役的合理负担问题，并引出今有术、衰分术及其应用方法，以及整套的比例理论。这些说明数学很大部分是在解决社会问题的过程中发展起来的，由此引出一个问题：古代赋税的规则是什么？现在我国赋税的规则是什么？两者有什么异同？对古代赋税或现代赋税，你有什么建议？并请学生进行研讨、分享，以此促进审辩式思维的建构。

第七问："双设法"也被认为是中国哲学"以静制动""曲线救国"思想的折射，请你以此为例，分析此思想的两面性，并提出自己的建议。

第七章是《九章算术》最耀眼的章节之一，它提出了"双设法"问题，并总结出通过两次假设化为盈不足问题的一般问题的解法。"双设法"的高明之处是避开了每天变化的速度，把含有变量的数学问题转化为常量的数学问题。即对待一个多因素制约的问题，采用增、减自变量数值，观察结果的变化，最终找到最佳方案，使得问题定量解决。而现代数学对于此类问题，则采用"直面面对"的方式，直接将变化的因素设为未知数或变量，采用方程（组）或函数的方法将这个变量的变化情况直接呈现出来或展示出来，再从中选出我们所要的某个条件下的变化情况。面对这两种方法，自然引出如下问题："直面"和"避其锋芒"相比，哪一个态度更有利于事件的推动和发展，同时请学生进行研讨、分享，以此促进审辩式思维的建构。

第八问：触动古人创新的契机是什么？以下问题任选其一，采用分离系数的方法表示成线性方程组的契机是什么？触动古人提出正负数概念的契机是什么？触动正负数运算，尤其是负负相乘运算法则的契机是什么？

第八章是《九章算术》最耀眼的章节之一，有两项震惊数学界的成就：第一，提出了一次方程组问题，而且采用分离系数的方法表示线性方程组，相当于现在的矩阵，解线性方程组时使用的直除法，与矩阵的初等变换一致，这是世界上最早出现的完整的线性方程组的解法。第二，本章还引进和使用了负数，并提出了正负数的加减法则，与现今代数中的法则完全相同；解线性方程组时实际还施行了正负数的乘除法。这是世界数学史上一项重大的成就，第一次突破了正数的范围，扩展了数系，外国则是到了7世纪，印度的婆罗摩笈多才认识负数。本章的知识是中国古代智慧的结晶，我们要追本溯源，重新经历每一种智慧的来源，为未来知识和方法的创新打下扎实基础。由此引出一个问题：触动古人采用分离系数的方法表示成线性方程组的契机是什么？触动古人提出正负数概念的契机是什么？触动正负数运算，尤其是负负相乘运算法则的契机是什么？请学生任选其一，进行研讨、分享和辩论，由此进行审辩式思维的建构。

第九问：调研勾股定理的发展史，然后客观分析出中国最早发现的"勾股定理"却在数学史上被称为"毕达哥拉斯定理"的原因,其中的警醒是什么?

第九章是利用勾股定理来解决生活中的各种问题。勾股定理一直被认为是中国人最早发现的,直到几百年后才被毕达哥拉斯发现,但是在数学界勾股定理却往往被认为是"毕达哥拉斯定理",请学生查找勾股定理的发展史,得出自己的客观分析,并与其他同学进行分享、研讨和辩论,由此促进审辩式思维的建构。

第十问:"对于已有的数学事实,我们在学习中应该秉持什么样的态度?全盘接受还是心存质疑?哪种方式更有利于自身数学素养的发展?"

《九章算术》第四章中出现了$\sqrt{2}$的估算值和估算方法,但却没有将估算值继续进行下去,因此没有出现无理数的存在。无理数虽然由希伯斯发现,但直到100多年以后用反证法证明出$\sqrt{2}$的确不能表示成两整数之比之后,数学界才承认了无理数的存在,由此代数学的整体架构往后推迟了100年,这就引出一个问题:"对于已有的数学事实,我们在学习中应该秉持什么样的态度?全盘接受还是心存质疑?哪种方式更有利于自身数学素养的发展?"请同学们自由选择正方和反方,进行辩论,以此促进审辩式思维的建构。

②教学方法:采用调研与辩论学习相结合的方式,让学生通过对《九章算术》的研究,感悟中国古人的数学智慧,并通过古今方法的对比,培养审辩式思维的能力。

(三)课程实施

表5-11 课程实施计划一览表

周次	主题	课题	课型	课时
1	第一问	分母为0无意义,是否无意义在数学中就是不存在?	研讨和辩论	2
2	第二问	统一度量衡,加速了各国的沟通和交易,但却丧失了本土的传统和文化,这样做的价值大吗?	研讨和辩论	2
3	第三问	《九章算术》原题在明朝也出现过,请用数据说明明朝和东汉的测算单位的异同,并据此分析哪个朝代的经济更富足?	研讨和辩论	2

续表

周次	主题	课题	课型	课时
4	第四问	《九章算术》给出了开平方和开立方的估算方法,但真正发现无理数的是西方的毕达哥拉斯的徒弟希伯斯,为此他付出了生命,你觉得希伯斯的付出值得吗?	研讨和辩论	2
5	第五问	能否针对土石工程、体积计算的背景,举出一个反映当下民风民俗的应用题,并对比古法,说明古今处理方法的异同	研讨和辩论	2
6	第六问	对比古代赋税和现代赋税的计算规则,你能提出什么建议?	研讨和辩论	2
7	第七问	"双设法"也被认为是中国哲学"以静制动""曲线救国"思想的折射,请你以此为例,分析此思想的两面性,对此你能提出什么建议?	研讨和辩论	2
8	第八问	《九章算术》中有很多创新,请分析触动古人创新的契机是什么?可以在以下问题中任选其一:采用分离系数的方法表示成线性方程组的契机是什么?触动古人提出"正负数"概念的契机是什么?触动正负数运算,尤其是负负相乘运算法则的契机是什么?	研讨和辩论	3
9	第九问	调研勾股定理的发展史,然后客观分析出中国最早发现的"勾股定理"却在数学史上被称为"毕达哥拉斯定理"的原因,其中的警醒是什么?	研讨和辩论	2
10	第十问	对于已有的数学事实,我们在学习中应该秉持什么样的态度?全盘接受还是心存质疑?哪种方式更有利于自身数学素养的发展?	研讨和辩论	2
合计				21

(四)课程评价

本课程主要是研讨《九章算术》的题目,对比中国古人与现代数学在处理问题和处理方法上的不同,感悟中国古人的智慧,借鉴现代数学的方法,提出自己的审辩问题,促进审辩式思维在具体情境下的建构。

本课程主要考察在具体问题中的审辩式思考的品质和能力,采用过程性评价的方式,进行量化性评价,从而让课程的评价更有意义、更有方向。

采用线上学习与线下讨论结合的方式进行,课时积分都为1分/课时。